불안과 밤 산책

불안과 밤 산책

* 기록 당시의 느낌을 살리기 위해 글을 많이 다듬지 않았습니다.
 글이 매끄럽지 않을 수 있습니다.

한때는 죽음을 향했던 내가 다시 삶을 향하게 되면서
살아가는 하루하루를 기록하게 되었다.
죽음이 아닌, 삶의 이야기.
나 이렇게 살아있노라고, 이렇게 살아가고 있다고
남겨보는 보잘것없는 존재의 특별할 것 없는 하루의 생존 기록

차례

들어가며　　14

밤 [다시 느껴보기]　**1**

## Vol.1 삶을 감각하는 일 ───────

| | |
|---|---|
| 무해한 아이의 얼굴 | 22 |
| 낮이 밤을 잡아 두는 것 같아요 | 27 |
| 사실은 정말 중요한 것들 | 30 |
| 더 살아가보는 거다 | 33 |
| 기념일 | 38 |

## Vol.2 버티는 무언가 ───────

| | |
|---|---|
| 아직 세상이 따스하다는 걸 | 44 |
| 사랑은 예쁜 꽃 | 47 |
| 귀여운 부리 | 50 |
| 책과 음악 | 53 |

### Vol.3 불안과 밤 산책 ─────

| | |
|---|---|
| 끝내 다다르는 곳 | 60 |
| 가족 | 63 |
| 네잎클로버와 꽃잎 | 67 |
| 감사한 마음 | 68 |
| 요리를 같이 해먹는다는 것 | 74 |
| 집이 주는 평안 | 78 |

*지극히 무해한 생존 일지 1*

## 잠에 드는 일 [내일을 꿈꾸며] 2

### Vol.4 꾸준히 배우기 ─────

| | |
|---|---|
| 흉터 | 92 |
| 이제 조금 알 것 같다 | 94 |
| 특별할 것 없는 | 97 |
| 산의 가르침 | 100 |

## Vol.5 나에게 다정해지기

| | |
|---|---|
| 인생을 시험 치르듯 | 106 |
| 삶의 동력들 | 110 |
| 지긋지긋할 지경이 되는 것 | 111 |
| 예민한 감각 | 112 |
| 머무는 대로 | 116 |
| 떡볶이 | 117 |
| 유머 | 120 |
| 좋아하는 것을 하나씩 마련하는 일 | 123 |

## Vol.6 나를 지키는 태도

| | |
|---|---|
| 마음에는 사랑이 산다 | 128 |
| 번호를 지운다 | 131 |
| 예의 없을 용기 | 135 |
| 삶을 단순하게 사는 방법 | 138 |

### 지극히 무해한 생존 일지 2

# 불면 [우울이 말 걸어올 때] 3

## Vol.7 마음의 먼지

| | |
|---|---|
| 얼른 내일이 왔으면 | 150 |
| 일단 잘 먹고 잘 자야한다 | 151 |
| 돈은 똥이다 | 154 |
| 애쓰지 않아도 괜찮은 것들 | 157 |
| 오늘이 생의 마지막 날이라면? | 160 |
| 그래, 그런 날도 있지 | 164 |
| 괜찮은 하루 | 168 |
| 불행하고 싶지 않을 뿐인 걸 | 170 |

## Vol.8 어쩌지 못 하는 감정들

| | |
|---|---|
| 우울 | 174 |
| 우울2 | 176 |
| 불안 | 179 |
| 불안2 | 186 |
| 자책 | 190 |

### Vol.9 고요한 외침

| | |
|---|---|
| 당신도 썼으면 좋겠다 | 196 |
| 일그러진 모습을 마주하기 | 199 |
| 나이테 | 201 |
| 부탁하고 싶다 | 205 |

### 지극히 무해한 생존 일지 3

# 아침 [오늘, 다시 살아가는 연습] 4

### Vol.10 다시 해보자

| | |
|---|---|
| 다시 무언갈 하고 있다는 감각 | 214 |
| 지금 최선을 다한다 | 217 |
| 나쁠 것 없지 않나 | 218 |
| 꿈 | 219 |
| 단계가 중요하다 | 223 |

## Vol.11 조금씩 괜찮아지기

조금은 이기적이어도 괜찮아 228
매 순간 선택으로 이루어진다 230
맥주 한 잔을 했다 233
왜가리의 은혜 237


## Vol.12 충실히 살아가기

지금을 사는 방법 244
수면 위에는 247
반추 251
쉬운 게 어딨겠어 255
객관화 258

### 지극히 무해한 생존 일지 4

**나가며** 268

## 들어가며

 제 삶은 책을 따라가더군요. 아니, 책이 따라온 걸지도 모르겠네요. 어느 날 문득 잘 살고 싶어졌고, 우울의 바깥을 향했으며, 지금은 이따금 불안과 밤 산책을 나섭니다. 살기 위해 썼던 글을 담아낸 첫 책, 더 잘 살고 싶은 마음을 담은 두 번째 책, 불안과 함께 무사히 하루를 보내고서 마침내 안전하게 밤에 도착하고 싶은 마음을 담아 눌러 담은 바로 이 책까지 무수히 많은 말을 함축적으로 담아 여전히 살아가고 있음을 이렇게 세상에 알리고 있습니다.

 불현듯 아팠습니다. 처음에는 뭐가 문제인지도 몰랐어요. 아픔의 원인을 찾아가는 과정에서 점차 나를 깊게 이해하게 되었습니다. 그런 과정에서 살기 위해 부지런했던 기록이 고스란히 남았습니다. 느린 마음이 따라주지 않아도 손은 멈출 수가 없었습니다. 금방 휘발되어 버릴 감각을 놓칠까 두려웠어요. 꺼내어 보여줄 수 없는 마음은 이토록 얄궂습니다. 쓰지 않으면 남지 않아 금방 까먹거든요.

극심한 우울과 불안에 시달리던 것이 벌써 5년은 넘었네요. 언젠가 침대를 벗어날 수 없을 정도로 불안해서 사라지고 싶었습니다. 그러다 하루는 침대를 벗어나고 또 하루는 밖을 나섰습니다. 글을 쓰는 지금, 여전히 불안하지만 저는 살아있습니다. '살아있음'의 감사함을 절실히 느끼는 지금도 우울하고 불안해요. 생을 지속하는 동안에도 끊임없이 죽음을 부르는 감각도 함께 살아갑니다. 자주 흔들리고 부서지고 깨지기도 합니다. 그래도 살아야지요, 살아가야 합니다. 한 번 뿐인 인생 이렇게 살고 싶지 않습니다. 부정을 메고도 한걸음, 한 걸음을 내딛어야만 합니다.

이 책에는 그런 하루의 기록들이 담겨있습니다. 때론 치열하고, 이따금 서글프고, 듣기 싫을 정도로 지겹고 지치는 이야기일 수도 있습니다. 어쩌겠나요, 그것 또한 모두 나입니다. 하루하루를 살았던 별거 아닌 사람의 지루한 기록, 그것이 곧 불안하지만, 살아가는 그대로의 내 모습입니다.

하루 중 가장 편안함을 느끼는 밤부터, 새로운 하루를 맞이하게 되는 아침으로 이어지는 시간의 흐름으로 만날 수 있도록 기록을 정리했습니다. 불안이 잦아드는 밤, 잠들지 못한 채 불안이 스며드는 밤, 그리고 다시 살아보려 애쓰는 아침. 감정은 밤사이 조용한 파도처럼 밀려왔다가 사라지고, 휩쓸리면 길을 잃을까 버티고 서 천천히 새롭게 뜨는 해를 맞습니다. 무사히 지나온 어제를 거름 삼아 다시 살아냅니다. 매일 반복되는 일상에서도 작지만, 분명한 변화들이 자라나고 있음을 믿습니다.


이 책은 완벽한 회복의 이야기는 아닙니다. 그저, 불안한 마음에도 잘 살아 보려는 기록입니다. 불안은 지긋지긋하지만 어쩔 수 없다는 걸 알기에 이 친구와 함께 살아가야 한다는 걸 받아들일 수밖에 없더군요. 이 글을 읽는 당신도 지금, 이 순간, 충분히 잘 살아내고 있다는 걸 꼭 기억해 주었으면 합니다. 불확실한 평온을 기다리다 곁의 행복을 놓치지 않았으면 좋겠어요. 불안과 함께 잘 지낼 수 있기를 바라요.

이 책과 함께 당신도 살아갔으면 좋겠습니다. 그저 그랬으면 좋겠습니다. 무언가 대단한 일을 할 필요는 없습니다. 누군가가 바라는 모습으로 살지 않아도 괜찮습니다. 대단한 사람이 되어야 하는 때가 있는 것도 아닙니다. 그저 살아갑시다 우리. 보잘것없는 나도 살아가고 있습니다. 소중하고 멋진 당신도 같이 살아갑시다.

같은 하늘 아래 어디에선가 살고 있는 당신에게 가닿기를 바라며 오늘도 불안과 밤 산책을 합니다. 당신도 무사히 밤에 도착했으면 좋겠습니다. 이 책이 포근한 이불처럼 당신의 꿈을 조용히 응원하고 있다는 걸 알아주세요.

**"이 밤도 함께 건너요 우리."**

# 1

밤
*다시 느껴보기*

불안 밤 산책 회복 공황 멘붕 걱정

피곤 즐거움 감사 성찰 어른

흘러가는 시간 감각 버티는 무언가

삶을 감각하는 일 나를 살게 한 감각

vol. 01

삶을 감각하는 일

## 오늘 할 일

삶을 감각하는 일. 그리고 그것을 오롯이 느끼고 흘려보내기.
자꾸 감각을 쌓아가야 한다. 거절도 당해보고 인정도 받아보고
비난도 받아보고 칭찬도 받아봐야 한다. 여러 삶의 감각들이
쌓여 더욱 나에 가까워질 수 있다고 믿는다.

DATE
25년 4월 11일

## 무해한 아이의 얼굴

　최근에 옛날얘기를 많이 한다는 말을 들었다. 특히 행복했던 어린 시절 이야기를 많이 한다고 한다. 신나서 이야기하다 보면 무해한 아이의 얼굴이란다. 언젠가 한 번 보여줬던 어린 시절 사진 속 바로 그 표정. 예전에는 거의 무표정이었다며 지금이 훨씬 보기 좋다고, 더 많이 이야기해도 좋다고 했다.

　어딘가 익숙한 곳에 가게 될 적에는 어릴 적 와봤다는 말을 꼭 한다. 맛있는 걸 먹을 때는 '어릴 적 어머니가 자주 해주셨다' '학원을 가면서 친구와 꼭 먹었다'라는 식의 시시콜콜한 얘기다. 괜히 쑥스러웠다.

예전과 뭐가 다를까? 생각해 보니 지금은 회사에 다니지 않는다. 역시 퇴사가 만병통치약인가. 퇴사 후 전업 작가로 활동하는 지금은 사실 그때와는 다른 사람이다. 그때 나는 미쳐있었다. 일에 미쳐있으면 좋았겠지만, 그냥 정신이 없었다. 하루를 버티는 게 버거운 내게 회사는 더 고통을 주는 곳이었다. 회사로 얻은 마음의 병이었으니까. 엉망이 된 마음을 어찌할 줄 몰라 방황했다. 두 번의 휴직을 했고 그러다 더는 지속할 수 없다고 판단해 퇴사했다.

회사에 다닐 적에는 생존모드가 켜졌던 것 같다. 이러다 곧 죽을 것만 같아서 생존을 제외한 모든 활동을 제한했다. 살아남기 위해 도움이 되지 않는 것들을 버리고 생존에 필수 요소들만 최소한으로 추려 살았다. 웃음과 눈물, 연민, 사랑 같은 불필요하고 거추장스러운 감정은 배제했다. 말을 줄이고 귀를 막았다. 관계를 끊어 에너지를 아꼈다.

그 결과 생존은 했지만, 생활은 망가졌다. 이후 일상을 되찾는 데 굉장히 오래 걸렸다. 본래의 '나'로 복귀하는 게 쉽지가 않았다.

지금은 적당히 미쳐있다. 마음이 가라앉아도 얼마 지나지 않아 진정시킬 수 있다. 덕분에 방황을 덜 하게 된다. 이따금 무너지기도 하지만 금방 재정비할 수 있다. 부서진 파편들을 긁어모아 조립해 삶에 끼워 넣는다. 매번 다른 모양이 되어버리지만 내게 삶은 그랬다. 불안정한 삶이니까 당연했다.

요즘은 조금 더 나의 본질에 가까워졌다. 진정한 즐거움을 찾는다. 좋아하는 일을 생각하며 진심으로 좋아하는 일을 한다. 마음에 닿지 않는 일은 과감히 하지 않는 선택도 한다. 그에 따른 결과는 내 책임이니까 그게 또 편하다. 이젠 내 삶에 주도권을 내가 쥐고 있다.

기억은 지나온 시간을 자꾸 아름답게 만드는 재주가 있다. 현실과 동떨어진 과거의 사건을 지금에 와서 떠올려보면 괜히 미소 짓게 되는 묘한 경험 다들 있지 않은가. 각자 겪은 일은 다르더라도 어떤 과거의 한때가 그때와는 다른 의미로 추억이 되기도 하는 기분을 느끼게 되기도 하고.

고통스럽게 통과한 시간 속에서 당시의 나는 힘듦에 지쳐 느낄 수 없던 감각이 현재를 살아가는 내게는 새롭게 재해석 되는 즐거운 경험을 자주 한다. 행복했던 기억은 때론 증폭되어 지쳐 쓰려져 잠에 들 때 문득 떠 올라 그날의 피로가 풀리기도 한다. 기억은 조금씩 왜곡되어 어떤 식으로든 현재에 도달해 내게 다른 의미가 된다.

어느 날은 그때의 내가 귀여워 피식 웃음이 나기도 한다. 대체로 이런 기억은 맞다. 있는 그대로의 사실이다. 부끄러운 어린 시절의 내가 안쓰러울 지경이다.

물론 더 이상 떠올리고 싶지 않은 기억이 자꾸 나를 괴롭힐지도 모른다. 눈 뜨고 볼 수 없는 그때의 애절한 고통의 순간을 이제는 좀 잊고 살아가고 싶은데 그게 맘처럼 잘되지 않는다. 그때의 내가 아직도 마음에 산다. 영영 보내줄 수 없을 것만 같은 불쌍한 내가.

지나온 시간은 기억의 조각으로 여럿 나뉘어 추억이 되었다. 모든 장면을 떠올리기는 어려워서 조각내어 가지고 있어서 기억은 그 자체로 불분명하다. 완벽하지 않다는 이야기다. 얼마든지 어떤 조각들의 모음으로 모습이 변할 수 있다.

그렇다는 건 나는 선택의 여지가 있다는 거다. 당장 내게 중요한 기억의 조각을 모아 추억할 수 있다. 그럼, 오늘 내가 모은 조각모음은 훗날 아름다운 기억이 될지도 모르니까.

요즘은 좋은 추억의 조각에 더 집중한다. 나의 본질이 무엇인가 살피며 그것이 주는 만족감과 행복, 즐거움, 사랑의 마음을 더 간직하려고 한다. 그때 어린 시절의 나로 돌아가 온전히 다시 그때의 감정을 다시 느껴본다. 더욱 마음속의 '나'로 다가선다. 더 많은 이야기를 해주기를 바라며 대화를 시도한다. 뭐가 즐거웠는지, 뭐가 슬펐고 또 뭐가 힘들었는지 자꾸만 물음을 던진다. 오늘도 조금 더 나를 이해할 수 있기를 바라면서.

오늘의 기억이 또 훗날 하나의 추억이 될 것이다. 그래서 대충 살 수가 없다. 매 순간을 오롯이 느끼고 싶다. 그것이 설령 나를 힘들게 하는 감정일지라도 말이다.

회사에서 버렸던 진정한 내 모습, 어린 시절의 나를 더 이상 무시할 수가 없다. 감정을 그대로 두고 싶다. 마음껏 세상을 뛰어놀았으면 좋겠다. 그 모습 그대로 아름다운 추억을 쌓아갔으면 좋겠다. 훗날 나이가 들어 다시 힘겨운 시간 속에서 돌아 볼 오늘을 이야기하며 웃을 수 있을 거라 믿으며.

DATE
24년 6월 25일

## 낮이 밤을 잡아두는 것 같아요

삶을 오롯이 써내는 일은 스쳐 지나가 버린 장면을 끌어안는 일이다. 금방 휘발되어 버릴 이 순간을 남길 유일한 방법이다.

"낮이 밤을 잡아두는 것 같아요."

다음 날 시작되는 국제도서전의 테이블 세팅을 마치고 돌아오는 도로 위 차 안에서 마주한 풍경에 감탄하며 한 말이다. 낮과 밤의 경계 지점에서 하늘은 분홍을 머금고 있었다. 마치 오늘을 보내주기 아쉽다는 듯 낮이 밤이 오는 걸 오래 붙잡아두는 것 같았다. 아직 더 있고 싶다고 얼굴을 붉히며 오늘에 머무는 모습처럼 보였다.

유독 마음이 몽글했다. 오늘을 이렇게 보내주는 게 너무 아쉽다. 날마다 잘 보내주고 싶지만, 오늘은 천천히 갔으면 좋겠다고 생각했다. 그래도 괜찮은 날이었다. 몇 달을 밤잠 설치며 준비한 큰 행사를 앞둔 오늘을 더 만끽하고 싶었다.

2023년 6월, 국제 도서전에 팀원들과 방문했다. 이제 막 책 만드는 일을 시작했던 우리는, 책에 진심인 사람들의 모습이 궁금했다. 눈이 반짝이는 창작자들, 행사 관계자, 책을 한 아름 안고도 좋은 책을 놓칠세라 바쁜 수많은 관람객을 봤다. 괜히 마음 한구석이 뜨거워지는 것을 느꼈다. 내년에는 우리 꼭 나가보자며 서로를 격려했다. 참여 자격도 되지 않았을뿐더러 아직은 준비가 되지 않았다는 판단으로 이번 해는 구경을 가는 것으로 만족하고 내년을 도모하기로 한 것이다.

그 후 1년, 우리는 그들과 함께 같은 자리에 섰다. 우리의 책을 선보이고 독자들과 현장에서 직접 만날 수 있는 기회를 얻은 것이다. 내게는 이 일이 떠나는 낮을 붙잡고 싶을만큼 큰 사건이었다. 혼자였다면 꿈꾸지 못할 일은 함께라서 가능했다.

한 해 전에 서로를 보며 다잡던 마음을 기억한다. 그간 해왔던 우리의 일을 반짝이는 그들과 함께 나눌 수 있다는 게 기뻤다. 그 순간을 놓치고 싶지 않아 기록해 두었다.

)

도서전은 잘 마쳤다. 1년이 지난 지금, 우리는 2025년 국제도서전을 준비하고 있다. 감사한 일이다. 작년과 다름없이 게으름 피우지 않고 최선의 준비를 하고 있다. 그때의 마음을 아직 잊지 않는다. 끌어안은 그때의 장면을 떠올리며 다시 끌어안을 새로운 장면을 맞이할 준비를 한다.

요즘 따라 밤이 재촉해도 낮은 자주 늑장을 피운다. 더 머물다 가겠다고 밤과 줄다리기한다. 그런 날이 점점 늘어간다. 감사한 시간을 빨리 가버리는 게 아쉬운 걸까. 조금 더 오늘과 놀고 밤에 다다라서는 오늘을 돌아보며 안도하고 싶다.

DATE
24년 12월 16일

# 사실은 정말 중요한 것들

너무 세세해서 말하기 좀 그런것들, 그러나 중요한 것들이 있다.
내게만 중요한 것이라 누군가에겐 중요하지 않을 수도 있지만.

 

어느 날 이마의 머리 경계 쪽 뾰루지 같은 것이 났다. 뭐, 얼굴에 자주 나곤 했으니까 별 신경을 쓰지 않았다. 이따금 머리를 감다가 긁어 피가 나기도 했으나 금방 낫겠지 싶었다. 그러다 어느 날에는 거울을 보는데, 눈에 띄게 커져 있었다. 거기다 딱딱하게 굳은 것이 아닌가. 이후로도 도무지 없어질 기미가 보이질 않았다.

보통은 귀찮아서 병원에 가지 않는 편인데 이건 심상치 않아서 갔더니 사마귀란다. 제거해야 한다는데 걱정이 앞섰다. 아픈 건 상관없었다. 다만, 흉이 남아 그 자리에 머리가 다시 나지 않을 수도 있다는 의사 선생님의 말씀에 마음을 쿵 내려앉았다.

회사에 다닐 적 머리에 대한 고민이 많았다. 스트레스가 극에 달했던 때, 머리를 감을 때마다 우수수 떨어지는 머리를 보면서 한숨을 푹 쉬었다. 이제 끝인 걸까, 나는 이제 어쩔 수 없는 건가 했다.

퇴사하고서는 머리 빠짐이 덜했다. 아니, 오히려 더 났다. 금방 나온 듯 솜털 같은 머리가 삐죽삐죽 나기 시작했다. 휴, 정말 다행이라 생각했다. 마음속 큰 걱정이 조금 사라지는 기분이었다.

그런 내게, 의사 선생님의 말씀에 불안하지 않을 수가 없었다.

걱정과는 달리 잘 나았고 머리도 났다. 신기하게 티도 잘 안 난다. 이마의 어느 지점에 있었던가 싶을 정도로 잘 보이지도 않는다. 나만 안다.

누군가에게는 소소한 일일지도 모른다. 조그만 흉터 머리카락이 없어도 잘 보이지도 않을 텐데 걱정이냐고 할지도 모르겠다. 나에게만 큰 걱정이지 누군가는 궁금하지도 않을 이야기다.

그런데, 내게는 사실 정말 중요한 것 중 하나다. 머리가 이젠 영영 날 수 없는 흉터가 이마에 떡하니 자리 잡은 일, 거울을 보는 매일 눈에 밟히는 얼굴의 지점이 하나 느는 거다. 누군가 관심도 없는 내 얼굴, 거기다 티도 안 나는 작은 흉터 따위가 내게는 일생일대의 사건처럼 느껴진다. 마음이 울렁거려 시술을 받은 날에는 입맛이 없을 정도로 일상을 무너지게 하기도 한다.

모두에게 있을 것이다. 남들은 별 신경 안 쓰는 일이 내게는 세상 무너질 것 같은 이야기, 세세해서 누구에게 말 하기도 쑥스러운 것들, 유난 떠는 것 같아 숨기게 되는 별거 아닌 내게만 심각한 일들이 괴롭다.

이토록 세상에는 내가 어쩌지 못하는 것투성이다. 이마에 난 사마귀 하나에도 걱정하는 나의 나약함을 인정할 수밖에 없다. 그러니 이토록 불안한 내가 이해된다. 막막해 견디기 힘들 때도, 도저히 마음이 가라앉아 어쩔 수 없을 때도 그럴 수밖에 없었다는 걸 고개 끄덕이게 된다.

당신을 괴롭히는 무언가가 있는가? 그럼, 그게 분명 큰 사건이다. 별일이다. 숨기지 말기를 바란다. 당당하게 힘들어해도 괜찮다. 그거 괴로운 거 맞다.

DATE
24년 12월 16일

# 더 살아가 보는 거다
---

**한국에서 보낸 가을을 일본에서 다시 마주했다.**

    도쿄에서 열리는 책 관련 행사인 '도쿄아트북페어'를 구경하고 싶어서 무작정 일본행 비행기를 탔다. 오랜만의 해외 방문이기도 하고 일본은 처음이라서 떨렸다. 실수한 건 없는지 몇 번이나 점검하고서 공항을 향했다.

    가을이 훌쩍 지나 새벽엔 벌써 겨울을 머금은 바람이 세차게 불었다. 추워지면 입으려 미리 꺼내놓은 얇은 패딩 점퍼를 꺼내입었다. 일본은 어떠려나 싶었지만 아무래도 얇은 차림으로 집을 나서기에는 무리가 있었다. 1박 2일의 짧은 일정이니까 짐도 가방 하나로 추렸다.

공항으로 가는 길에 눈이 세차게 내렸다. 어느 정도냐면 재난 영화 속 주인공이 된 것처럼 와이퍼를 최대로 하고 달려도 앞이 잘 보이지 않을 지경이었다. 도로는 온통 눈이 덮여 하얀 도화지가 됐다.

걱정이 됐다. 이러다 비행기가 안 뜨면 어쩌지. '그럼 못 가는 거지 뭐. 어쩌겠어.'하는 우스갯소리를 했다. 설마 그런 일이 실제로 벌어질거라고 생각하지 못했으니까.

오후 4시쯤 출발 예정이던 비행기는 여러 차례 연기되었고 결국 자정이 다 되어서야 겨우 떴다. 일본 공항에 내리자, 새벽이었다. 숙소까지는 꽤 거리가 되었기에 대중교통이 끊겨 공항에서 노숙할 수밖에 없었다. 택시를 타기에는 거의 3~40만 원 하는 비용을 감당할 자신이 없었기 때문이다.

사실 새벽에 출발하느라 한숨도 못 잤던 터라 실제로는 이틀 밤을 샌 거나 마찬가지였다. 공항에서는 짐을 지키느라 잠시도 눈을 붙이지 못했으니까 말이다.

첫 차 시간이 되자마자 버스와 지하철을 타고 숙소에 도착하니 아침이었다. 동료들과 무사히 숙소에 도착했다는 안도감과 정신력의 한계로 바로 곯아떨어졌다. 단 한 두 시간밖에 잘 수 없었지만.

쪽잠을 자고서 우리는 바로 숙소를 나섰다. 비싼 돈 주고 잡은 숙소였는데 제대로 이용도 못 하고 나와서 괜히 아쉬웠다. 동시에 완전히 지쳐버린 몸과 마음을 잠깐이라도 쉴 수 있게 해줄 숙소가 있다는 것에 감사하기도 하면서.

행사는 재밌게 봤다. 열정 가득한 그들의 눈빛에 매료되었다. 작가의 애정이 듬뿍 담긴 작품을 보는 것이 즐거웠다. 다 구매하고 싶었으나 현실적으로 그러지 못해 아쉬웠다. 그 마음만큼 눈으로 열심히 담았다. 나도 언젠가 일본에 내 책과 함께 다시 이 자리에 함께하고 싶다는 마음도 함께 간직했다.

행사가 끝나는 날 귀국하기로 했던 일정은 결국 변경되었다. 한국에 117년 만에 내린 폭설에 여전히 공항은 마비가 되어 그날 비행기가 아예 취소가 되어버렸기 때문이다. 노트북도 없이 휴대전화만 챙겨갔던 우리는 급히 대안을 마련해야 했다. 어떻게든 일정을 조율해 그나마 합리적인 가격과 일정을 고려해 이틀을 더 체류하기로 했다. 덕분에 우리는 반강제로 일본을 더 둘러볼 수 있었다.

우에노 공원에 들렀다. 그곳에서 한국에서 보낸 가을을 다시 마주했다. 이미 가을이 지나 겨울이 서두르는 한국과 다르게 일본의 겨울은 늦잠을 잤다. 덕분에 가을은 더 느긋했다. 외투를 벗을 수밖에 없는 따사로운 햇살, 산책로를 따라 줄지은 다채로운 색의 단풍나무, 웃으며 이야기 나누면서 산책하는 사람들과 합창하는 새들의 아름다운 목소리가 가득한 공원을 걷고 있자니 마치 다른 세상인 것 같은 착각이 들었다. 마음이 편안해졌다.

눈에 보이는 모든 게 즐거워 부지런히 두리번거렸다. 때로는 생경한 풍경에 압도되기도 했다. 길을 거니는 사람들을 멍하니 바라보기도 했다. 나와는 다른 언어를 쓰는 사람들은 모두 제각각의 표정을 하고 있었다. 나의 세계에서도 늘 보던 모습이지만 왜인지 다른 세계를 사는 사람들의 표정을 보는 게 즐거웠다. 가을의 배경에 있는 그들은 그림 속 주인공처럼 예뻐 보였다.

일본에서의 두 번째 가을은 특별했다. 그들의 삶을 보며 나의 삶을 본다. 다채로운 색의 단풍처럼 삶의 다양한 면을 느끼고 싶다. 웃으며 산책하는 그들처럼 인생을 즐기며 살아가고 싶다. 지저귀며 합창하는 새들처럼 삶을 노래하듯 글을 쓰며 살고 싶다. 노래는 그리 잘하지 못하니까.

삶이 이토록 예측 불가능하다. 폭설로 출국하는 비행기가 연기되어 포기하고 싶은 순간, 비행기는 떴다. 결국 우리는 일본을 향했다. 돌아오는 비행기는 아예 취소가 되어버렸다. 덕분에 일본을 더 만끽할 수 있었다. 오히려 더 여유를 즐겼다.

예측할 수 없어서 삶은 더 아름다우며 흥미롭다. 만난 풍경과 사람들, 그 존재들과 함께 살아가며 숨 쉰다. 그래, 아직 삶은 살만해 더 살아가 보는 거다. 보고 듣고 느끼고 읽고 만질 수 있는 것들을 더 만나고 싶다.

그리고 쓰고 싶다. 부지런히 남겨보고 싶다. 가을의 풍경 같은 글을 쓰고 싶다. 편안하게 내 글을 만끽해 줄 그 누군가를 위해 기꺼이 기록을 남기고 싶다. 한 치 앞을 모르는 세상에서 살아가다가 언젠가 그가 바라본 내 글이 그에게는 내가 일본에서 마주한 풍경 같았으면 좋겠다. 더 살아갈 힘이 되면 좋겠다.

DATE
24년 12월 25일

## 기념일

　손님을 초대해 크리스마스를 기념해서 팀원들과 함께 맛있는 음식을 나눠 먹었다. 케이크에 촛불을 켜 함께 소원도 빌었다. 평소와 다르지 않게 소란스럽지 않고 소소한 시간을 보냈다. 평소 혼자 보내던 것과는 다르게 좋은 사람들과 함께했다.

　크리스마스는 세상의 사람들이 다 거리로 나오는 날인가 보다. 어디서 이렇게 많은 사람들이 쏟아져나왔는지 영문을 모르겠다. 모두 행복한 표정으로 거리에 나온다. 추운 날씨 때문인지 손을 잡거나 껴안아 서로를 따뜻하게 해준다. 즐거운 캐럴이 가는 곳마다 흘러나온다. 눈 까지 오는 때면 온 세상이 빨갛고 파랗고 초록색의 풍경이다. 마치 한 폭의 그림처럼 많은 사람들과 어우러진다. 그 속으로 뛰어드는 건 쉽지 않지만 멀리서 보자면 아름다워 감탄이 나온다. 늘 한해의 마지막쯤 오는 크리스마스가 기다려지는 이유다.

예전에는 이런 기념일에 대해 크게 의미를 두지 않았다. 사람을 두려워했던 어린 시절부터 지금까지 기념일에는 대체로 집에 머물렀다. 어디를 가도 붐비는 거리에는 온갖 위협이 도사리고 있었다. 무엇보다 쿵쿵 뛰는 심장을 부여잡고 걷자니 불안해 견딜 수가 없었다. 그래서 그날은 그저 하루 쉬는 날일 뿐이었다.

이십 대 어느 날, 친구들과 오랜만에 여행을 갔다. 한 여름 내 생일쯤이었는데 친구들이 내 생일을 축하해주었다. 풍선과 케이크를 준비해 노래도 불러주었다. 생일이 방학이기도 했고 그리 특별히 챙기지 않기도 해서 여태 친구들과 함께 생일을 잘 보내지 못했던 나를 위한 친구들이 준비해 준 깜짝 파티였다. 그때는 부끄러워 표현을 잘하지는 못했지만 지금 생각해 보면 정말 감사하다. 여태 생일 때 그런 축하를 받아본 적 없다는 걸 안 친구들이 만들어 준 소중한 시간이었다.

그날 한 가지 알게 된 사실은, 분명 즐겁고 감사한데 어딘가 모르게 미안한 마음이 든다는 거다. 그들의 소중한 시간을 괜히 나를 위해 쓴 것 같다고 생각했다. 정말 감사한 일이 분명한데 스스로 용납할 수 없는 불편한 마음이 들었다.

이런 생각들이 커져서 점점 기념일을 챙기지 않게 됐다. 어딘가 겸연쩍기도 하고 괜히 불편한 마음이 드는 게 반갑지는 않았다. 그 탓에 나에 관한 기념일 외에도 타인의 소중한 날도 그리 챙기지 않게 되었다.

그런데 최근에는 부쩍 이런 날이 소중해진다. 한때는 굳이 챙기지 않던 기념일이 요즘은 더 기다려진다. 삶이 팍팍해질수록 특별한 날이 주는 잠시의 행복과 평온이 그리워지는 걸까. 여유 없는 일상에서 한 줄기 단비 같은 날이 주는 의미가 달라진다.

기념할 수 있는 날이 있어서 삶을 지속할 수 있다는 생각이 든다. 일상은 지루해지기 마련이다. 그게 나쁘다는 것은 아니고 그러다 보면 삶에 대한 의욕이 떨어진다. 다시 재미를 찾아야 한다. 내가 흥미를 느낄 수 있는 무언가 장치를 두어야 한다. 각자마다 달라서 부지런히 탐색해야 한다. 독서든 여행이든 혹은 취미생활이든 어딘가 내 정신을 집중할 것이 필요하다.

내게는 기념일을 잘 챙기는 일이 요즘은 즐겁다. 오늘을 넘어 다시 내일을 기대할 수 있게 만든다. 일상을 옆에 잠깐 두고 특별한 순간을 기념할 때 잠깐이나마 살아있음을 느낀다.

부담스럽지 않게 내게 마음을 기꺼이 내어주는 이들 덕에 평범한 날이었던 기념일이 특별해진다. 얼마나 멋진 일인가. 별것 아니라 여겼던 순간들이 감사한 마음으로 별것이 되는 경험은 내 인생을 더욱 풍요롭게 해준다.

삶이 지겨울 때쯤 되면 기념할 만한 일이 생긴다. 첫 책을 만든 순간이나 생일, 원했던 곳으로의 이사, 새로운 일을 맡게 되었을 때와 같은 나의 기념일. 또 누군가의 생일, 그에게 중요한 일의 성과, 간절히 원했던 목표를 이루었을 때와 같이 타인의 기쁜 일을 함께 기념하기도 한다.

내게 성가신 일일 뿐이었던 기념일을 챙기는 일이 지금에 와서는 그 의미가 달라진다. 살아가는 일이 좋아지면서 특별한 순간을 기념하는 일을 온전히 즐길 수 있게 된 건 아닐까. 내 모습 그대로 살아갈 수 있게 된 지금, 크리스마스를 사람들이 거리 가득한 괴로운 날이 아니라 소중한 사람들과 함께 맛있는 음식을 함께 나눠 먹고 케이크를 자르며 소원을 빌 수 있는 아름다운 날로 즐길 수 있게 된 것처럼.

vol. 02

버티는 무언가

## 오늘 할 일

우리 각자는 버티는 무언가가 있다. 독서든 사랑이든 그 어떤 곳에 뿌리를 두고 있다. 그러므로 우리는 풍파를 버텨낼 수 있다. 서로 뿌리를 공유하면 더욱 버틸 수 있다. 설령 하나가 꺾여 부러지더라도 기댈 나무가 되어줄 수 있다. 그럼, 다시 일어날 수 있다. 나 그리고 너, 우리를 위해 단단한 기댈 곳이 되어 줄 준비가 되었나. 강한 마음으로 이 땅 위에 당당히 뿌리내릴 힘이 있는가. 소중한 것을 지키기 위해 소중한 존재가 되어 줄 용기가 있는가.

DATE
24년 10월 3일

# 아직 세상이 따스하다는 걸

    여전히 나는 세상을 다소 염세적으로 본다. 밝은 면보다 어두운 면이 더 두드러지는 사회에서 도무지 세상을 낙천적으로 바라보기가 어렵다. 아무리 좋게 보려 해도 그리 아름답지 않은 세상의 소란스러운 소음과 어지러운 풍경에 금방 지쳐버려 잠시 반짝이려던 눈을 다시 질끈 감아버린다. '그래 역시'라며 다시 마음의 문을 쾅 닫아버린다.

    그러나 지금은 다소 부드러운 시선으로 세상을 바라보려고 노력한다. 딱히 가치관의 변화가 있어서는 아니다. 그저 일련의 경험을 통해 생각이 자연스럽게 다른 방향으로 흘러간다. 놀라울 정도로 순수한 마음을 보여준 이들 덕에 세상을 더 유연하게 바라볼 수 있게 된다. 그들의 진심에 나 또한 진심을 더 내보여도 될지도 모르겠다는 희망을 품는다.

대구의 한 행사에 참여했을 때의 일이다. 경기도로 복귀하려면 서둘러야 했기에 행사를 마치고 부지런히 짐을 잔뜩 쌓아 수레에 싣고 주차장을 향하고 있었다. 짐을 무턱대고 높게 쌓아 올린 탓일까, 혹은 울퉁불퉁한 보도블록의 탓이었을까, 수레에 있던 짐이 무너져 내리며 바닥에 쏟아졌다. 우리는 놀라 소리를 지르며 당황하고 있었다. 그때 어디선가 갑자기 사람들이 튀어나와 물건을 함께 줍고 있었다. 그 모습을 본 또 다른 무리가 도와주겠다며 나서 나뒹구는 책과 상자, 굿즈들을 주워주었다. 덕분에 현장은 빠르게 정리되었고 큰 문제 없이 복귀할 수 있었다.

그 당시 경황이 없어 감사 인사도 제대로 하지 못했다. 그들은 할 일을 마치고 재빠르게 사라졌다. 우리가 고개를 들자 깔끔하게 정돈된 수레와 당황과 감동을 동시에 느끼며 서로를 바라보는 우리 셋만 남았을 뿐이었다. 집으로 돌아오는 길에 아까 있었던 일을 곱씹으며 감사한 마음에 대해 이야기했다. 대구 출신으로 내심 자랑스러운 마음도 들었다. 괜한 자부심과 함께 더 감사함을 표하지 못했던 것에 미안한 마음이 들었다.

세상은 아직 살만하다는 말을 많이 들었다. 이럴 때는 동의하게 된다. 아무리 사회의 어두운 면이 세상을 피폐하게 만들어도 아직도 여전히 곳곳에 따스한 마음을 품은 이들이 있다. 그렇기에 어쩌면 정말 아직 살만할지도 모르겠다. 세상의 영웅은 정말 필요할 때 그 모습을 드러내는 듯하다. 슈퍼맨처럼 우리 일상에 함께하다가 누군가의 도움이 간절히 필요할 때 '짠'하고 등장해 멋지게 해야 할 일을 하고는 사라지나보다. 대구에서 만난 그들처럼.

나도 그중 일부가 되고 싶다. 모두가 세상과 타협해서 살아간다고 하더라도 끝까지 싸워보고 싶다. 아닌 건 아니라고 저항해 보고 싶다. 두려워 떨지라도 부끄러워 망설이게 되더라도 선택한 길에 있어서는 당당하게 외치고 싶다. 아직 세상이 따스하다는 걸 자꾸 보여주고 싶다. 아직은 부끄러워 소소하고 귀여운 선행을 가끔 베풀고는 한다. 기회가 된다면 내가 가진 무언가를 나누고 힘을 보태고 싶다. 세상의 아름다움을 더 바라볼 수 있도록.

DATE
25년 4월 16일

## 사랑은 예쁜 꽃

연인들의 다정하게 걸어가는 뒷모습이 좋다.
더 열렬히 사랑하라고,
더 불같이 사랑하라고 외치고 싶은 지경이다.


사랑이라는 게 참 재밌다. 대체 어떻게 해야 하는 건지 정답이 없기 때문이다. 한때는 주는 것인 줄 알았다가 또 어느 순간에는 잘 받는 것인가 싶다가, 둘 다 잘하는 것뿐 아니라 나를 아끼고 사랑할 줄 알아야 타인을 사랑할 수 있단다. 참, 여전히 어렵지만 재밌다.

사랑이 뭔지 모르겠지만 가만 생각해 보니 좋고 싫음은 분명

했다. 습관이 잘 맞는 사람이 좋다. 특히 자라면서 형성된 습관이 잘 맞으면 좋다고 느낀다. 엄청 대단한 것은 아니다. 걸을 때 예쁘게 핀 꽃을 관찰하는 방법이라던가 멋진 풍경을 보면 사진을 찍느라 바쁜지 혹은 눈에 담는 편인지, 밥을 먹을 때 천천히 먹는지 혹은 속도가 너무 빨라서 남들 다 먹기 전에 밥숟가락을 놓게 되는지 같은 사소한 것들이다.

산책할 때 대체로 주변 풍경을 보며 천천히 걷는 편이다. 요즘은 거리마다 예쁜 꽃을 본다. 주변에 꽃이 많으면 괜히 산책이 신이 난다. 구석구석 살피다 보면 다양한 꽃을 만날 수 있다. 꽃은 피기 전의 모습도 좋고 이미 핀 모습도 좋다. 모든 순간 예쁘다. 피기 전에는 그들의 부지런함이 예쁘고, 피고 나서는 색감이 참 예쁘고, 지고 나서는 그들의 고생 했음이 예쁘다.

어느 날 신간 준비로 원고를 정리하다가 맑은 공기를 마시고 싶어서 산책을 나섰다. 그곳에서 반가운 벚꽃을 만났다. 잠깐 폈다가 비가 많이 오고 나면 떨어져 버려서 멋진 장면을 놓칠세라 부지런히 눈에 담았다. 나름 자세를 잡고 사진도 몇 장 찍었다. 역시 남는 건 사진이지.

그 순간 바람이 세게 불었다. 이 정도면 꽃잎이 다 떨어지는 건 아닌지 걱정됐다. 그런데 생각보다 많이 흩날리지 않는 게 아닌가. 꽃잎은 흔들리기만 할 뿐 나뭇가지를 단단히 붙들고 있었다. 그들의 자리를 굳건히 지켰다.

"아, 이제 막 꽃을 피워서 단단한가보다!

"그래, 꽃을 피워내기 위해 고생했는데 조금 더 머물다 갔으면 좋겠다"

서두르지 않고 조금 더 편안히 쉬다 갔으면 했다.

내게는 사랑이 이토록 예쁜 꽃이다. 흘러가는 시간 속에서 바라본 꽃의 생애를 살필 수 있는 습관을 지닌 사람이면 좋겠다. 꽃의 아름다움과 그 이면의 아름다움까지 느낄 수 있다면 좋겠다. 꽃이 피고 지는 일련의 과정을 사랑하는 것, 그의 애씀을 이해할 수 있다면 좋겠다. 꽃의 피고 짐을 함께하며 꽃이 지고 나면 다시 꽃이 피는 계절을 함께 기다릴 수 있는 사람이면 좋겠다.

단단한 꽃이 바람에 휩쓸리지 않았듯 내게 사랑은 꽃처럼 흔들리지 않는 마음이기를 바란다. 그러다 때가 되면 제 모습으로 서로 단단한 지지자가 되어 주면 좋겠다. 뿌리를 내리고 나무가 자라 가지를 뻗고 예쁜 꽃을 피워내는 인고의 시간을 함께 지내면 좋겠다. 그러다 다시 꽃을 거두고 다음 계절을 함께 기다릴 수 있다면 좋겠다. 그런 사랑이라면 인생을 걸어볼 만할 것 같다.

DATE
25년 4월 25일

## 귀여운 부리

*부리가 늘 행복했으면 좋겠어.*
*나와 함께 살아줘서 고마워.*

우리 집에는 조그만 친구가 산다. 바로 '부리'라는 고양이다. 마스코트이자 실질적인 집주인이라고 할 수 있다. 심한 우울과 불안이 찾아와 방황할 때부터 함께 지내고 있다. 그 후 늘 한결같이 곁을 지켜주며 큰 행복을 가져다주는 존재이다.

무엇이든 하나를 꾸준히 하지 못하는 내가 빼 먹지 않고 하고 있는 것은 바로 부리 밥과 물 주기와 화장실 청소해주기다. 하루 종일 뭔가 먹지 못 하고 뻗어있는 날에도 부리를 위한 일은 해낸다. 내 삶은 내가 책임지면 되는데 부리는 챙겨주지 않으면 스스로 할 수 없는 일이 있다. 나는 배고프면 먹으면 되고 아프면 병원을 가면 되고 화장실도 가면 된다. 부리는 사람 말을 할 수가 없어서 그의 언어를 이해할 수가 없다. 그러니 면밀히 그를 살피고 그의 불편함을 적절히 해소해주어야 한다.

함께 하기로 했으니, 그의 삶을 책임져야 한다. 그래서 그와 함께한 이후로 길게 집을 비워본 적이 없다. 업무로 출장을 가게 될 때도 짧게 떠났다가 금방 돌아왔다. 일을 하는 동안에도 그가 걱정되어 한시도 편하지 않았기에 멀리 떠나는 것은 피했다.

이런 조그만 친구와 함께 지내는 게 내게는 큰 행복인 이유가 몇가지 있다.

먼저 부리는 참 좋은 친구다. 언제나 한결같은 마음을 준다. 내가 힘들 때나 기쁠 때, 슬플 때, 짜증 날 때 늘 부리는 묵묵히 곁에 있어 준다. 말하진 않지만 다 느껴진다. 분명 나를 지켜주는 것 같은 기분이 든다. 물론 부리도 느끼고 있을 거라 믿는다. 내가 부리를 얼마나 사랑하는지.

또, 부리에게 가만히 귀를 대고 있으면 살아있음을 느낀다. 그래서 괜히 자는 부리에게 뽀뽀를 하고 꼭 안고는 하는데(뭔가 아빠 같네) 너무 귀여워서 안 그럴 수가 없다.

부리는 조금은 참아주지만, 정도가 심해지면 이내 몸을 일으켜 기지개를 한 번 켜고는 방을 나간다. 그러더니 괜히 물 좀 먹고 집을 어슬렁어슬렁 걸어 다니다가 이내 다시 들어와 침대 한편에 자리를 잡는다. 보통은 내가 누운 곳 근처에 눕지만, 어떨 때는 엉덩이를 내 몸에 찰싹 붙이고 자기도 하고, 또 어떨 때는 저만치 멀리 구석에 자리를 잡기도 한다. 그래서 가끔은 내 자리가 없어서 거의 침대의 일부만 사용해 잠을 청하기도 한다.

부리와 함께 지내는 시간이 소중하다. 부리도 그렇게 생각해줄까? 그러면 좋겠다. 서로 말은 통하지 않지만, 진심은 통하니까. 부리가 살아가는 동안 진심으로 행복했으면 좋겠다. 나는 너와 함께여서 행복하니까. 내가 살아가야하는 이유가 되어주는 부리도 나와 함께여서 행복하다면 좋겠다.

앞으로도 부리와 생을 함께할 것이다. 그럴 수만 있다면 그의 행복을 위해 최선을 다할 것이다. 직접 물어보고 싶다. 행복한지, 불편한 건 없는지, 더 바라는 건 없는지 대답해 주면 좋겠다. 다 해줄 수 있는데, 말만 해주면 뭐든 들어줄 수 있는데 늘 그게 아쉽다. 어쩌겠는가. 때로는 말보다 행동이 더 중요하다. 이렇게 사랑하고 있음을 많이 보여줄 수 밖에 없지.

DATE
25년 4월 29일

# 책과 음악
―――

　책을 읽으면 그 사람과 만나 대화를 나누는 것 같은 기분이 든다. 그 대화가 유익하고 즐거울수록 시간 가는 줄 모른다. 그와 함께 불안하고 즐겁고 행복하고 두려워지기도 한다. 글로 풀어낸 작가의 이야기에 풍덩 빠져 헤엄치다 보면 바다를 건너 나의 세상 저 편의 다른 곳을 탐험하는 것 같은 착각이 들기도 한다.

　한동안은 정지우 작가님과 깊은 대화를 나눴다. 책을 다 읽는 게 아쉬워서 페이지를 아껴서 넘겼다. 한 글자도 놓칠세라 천천히 그의 문장에 머물렀다. 오래 즐거웠다.

따뜻하고 단단한 그의 말은 흐트러지는 정신을 가다듬게 해준다. 살아가다가 그에게 묻고 싶은 게 생기면 책을 다시 꺼내 묻는다. 난 이제 어떻게 살아가면 좋나요? 답을 아냐며 힌트라도 달라고 징징대기도 한다.

그럼, 그는 한결같은 목소리로 자신은 이렇게 해보았다고, 이것이 위로될지는 모르겠지만 이런 방법도 있다며 그만의 위로의 말을 건넨다. 그럼, 그게 위로가 된다. 편안하게 생각을 정리할 수 있게 된다. 그의 지혜를 통해 다시 삶을 이해하게 된다. 다시 나아갈 힘을 얻게 된다.

위로를 주는 음악도 있다. 지칠 때가 되면 생각나는 노래가 몇 있다. 언제 어디서나 들을 수 있으니 늘 일상과 함께한다. 한 곡을 반복해서 듣기도 하는데 들을 때마다 새로운 느낌을 받는다. 같은 가사라도 들을 때의 상황에 따라 다르게 해석된다. 때로는 위로처럼 들리기도 하고 어떤 때는 꾸짖음으로 들리기도 한다. 마치 같은 영화를 반복해서 보면 매번 다르게 보이는 장면이 있어 재미있는 것처럼, 자주 듣는 노래들은 들을수록 새로운 의미를 찾는 재미가 있다.

최근에는 윤종신 선생님의 노래를 많이 듣는다. 선생님이라고 칭하는 이유는 정말 그렇게 생각하기 때문이다. 그의 노래를 들으며 늘 배우게 된다.

그는 '월간 윤종신'이라는 프로젝트를 통해 달마다 새로운 노래를 선보이고 있다. 이런 그의 꾸준함이 늘 내게는 귀감이 된다.

그의 인생에 대한 생각을 담은 노래는 내게 어떻게 살아야 하는가에 대한 물음을 던진다. 때로는 그만의 해답을 일러주기도 한다. 이렇게 살아야 한다는 말보다는, 나 이렇게 살고 있다고 당신과 다르지 않다고 마음으로 전하는 진심이 느껴진다.

그의 가사를 곱씹으며 노래를 반복해서 듣고 있자면, 세상을 먼저 살아 본 형이 술 한잔하며 넌지시 던지는 따뜻한 말처럼 느껴진다. 그만의 방식으로 살아 본 이런 삶도 있다고 너를 진심으로 응원하고 있다고 등을 두드려주는 것만 같다.

지금은 완벽히 이해할 수 없는 인생 선배의 말을 온전히 들을 수 있다면 좋겠다. 아직은 그의 말을 다 이해할 수가 없다. 서른의 중반을 넘어선 지금, 도저히 알 수 없는 것들이 많다. 도무지 받아들일 수 없는 사실도 여전하다. 언젠가 나도 그처럼 세상을 바라볼 수 있는 날이 올까? 그럼, 그의 노래를 더 잘 소화할 수 있을까?

좋아하는 책과 음악과 함께 살아간다는 건 멋진 일이다. 그들의 작품을 만나고 그들과 대화를 나누는 일이 내게는 값진 경험이다. 실제로 만나 깊은 이야기를 할 수는 없겠지만, 그들에게 배우는 것들이 실제로 나의 삶을 계획하는 데 많은 도움이 된다.

깨지고 부서지는 동안에도 그들은 끊임없이 말을 건넨다. 지긋지긋한 삶일지라도 이렇게 살아가 보자고, 거기서 거기인 일들 가운데에서도 살아갈 이유를 같이 찾아가 보자고.

그들과 같은 세계, 동일한 시간 안에서 살아가는 것에 큰 행복을 느낀다. 그들과 함께 나이 들며 살아가는 이 세상을 더 탐구하며 이해하고 싶다. 나의 세계에 대한 이해를 바탕으로 타인의 세계 또한 이해하고 그들과 함께 값진 인생을 감사하며 살아가면 좋겠다.

그들과 끊임없이 대화를 나눈다. 귀찮을 정도로 물으며 살아간다. 그런데도 그들은 늘 따스하게 말을 건넨다. 살아가는 동안에는 늘 그들의 책과 음악으로부터 많은 영향을 받게 될 것이다. 기꺼이 그러고 싶다. 조건 없는 그들의 가르침으로 더욱 나의 삶을 오롯이 살아내고 싶다.

vol. 03

불안과 밤 산책

### 오늘 할 일

삶은 흐른다. 아주 오래전 기억이 선명할 적부터 지금에 이르기까지 수없이 많은 오늘이 흘렀다. 한때는 구태여 매몰차게 빨리 떠나가는 시간을 잡고 싶었던 시절도 있었다. 그러나 이제는 그러지 않는다. 그저 흘러가는 오늘을 저 높은 하늘 유유히 흐르는 구름을 바라보듯 한다. 아무리 애써도 잡히지 않는 것을 손을 휘저어 본다고 한들 소용없다는 걸 잘 알기 때문에. 그저 오늘을 잘 보내주며 무사히 밤에 이르렀음에 안도하고 다시 내일을 향할 수 있음에 감사하는 것. 이제는 흐르는 삶에 몸을 맡겨 잘 흘러가고 싶은 마음이다. 오늘도 무사히 도착한 밤에 감사하며.

**DATE**
25년 3월 7일

# 끝내 다다르는 곳

    제주에서 산양큰엉곶에 들렀다. 업무를 위해 목적지를 향하다가 처음 보는 곳이라 들르게 되었다. 조금 걷다 보니 두 갈래의 길이 있었는데, 하나는 숲길이고 하나는 잘 정돈된 산책로였다. 숲길을 택했다. 빽빽하게 나무들이 많았는데 덕분에 시원하고 상쾌한 공기를 한껏 마실 수 있었다. 향도 참 좋았다. 평소 비염이 심해 코가 늘 막혀있었는데도 좋은 향이 코를 간지럽혔다.

    탐험하는 기분으로 한참을 걸었다. 그런데 아무리 걸어도 산책로가 나오지 않았다. 슬슬 지치고 목이 말랐다. 가볍게 산책하려고 왔는데 끝이 보이지 않아 당황했다.

한 30~40분 정도 걸었을까, 반환점으로 보이는 곳에 다다르게 되었다. 그곳에는 표지판 하나가 있었다.

'더 이상 길이 없으니 돌아가세요'
안내 문구가 적혀있었다.

잠시 쉬었다가 이만 돌아갈까? 했지만 이왕 여기까지 온 거 더 가보기로 했다. 얼마 더 걸어가니 결국에는 일반 산책로로 통하는 길을 발견했다. 끝이 없을 것 같은 길에서도 포기하지 않았더니 끝내 출구를 발견하게 된 것이다.

하루는 마치 숲길을 탐험하는 것 같다. 큰엉곶에서 만난 숲에서 언제 나올지 모를 출구를 찾아 헤맸던 것처럼, 수없는 불안 속에서 헤매다 밤을 맞는다. 그러다 만난 표지판에는 날마다 다른 문구가 적혀있다. 때로는 자책이, 가끔은 응원이, 또 자주 거짓 정보가 쓰여 있기도 하다. 모두 하루를 밤에 도착하도록 하는 안내 문구지만 가끔은 더 길을 잃게 만들기도 한다. 그렇게 헤매다가 끝내 도착한 밤에 다시 위안을 얻는다.

24시간, 짧다면 짧고 길다면 길다. 생각하기 나름이다. 어떤 날은 턱 없이 부족해 허덕이기도 하고 또 어떤 날은 너무 무료해 시간이 빨리 지나가버리기를 바라기도 한다.

그러다 끝내 밤이 찾아온다. 하루를 어떻게 보내든 결국에는 밤에 다다른다. 숨 가빴던 날도, 지루하고 지겨운 날도, 즐거운 날도, 행복한 날도 결국에는 집으로 돌아와 밤을 맞았다. 매일 무사한 밤에 안도한다. 오늘도 안전하게 도착한 밤에 비로소 불안이 잦아든다.

이따금 밤에는 또 다른 불안이 찾아오기도 한다. 온종일을 따라붙은 불안은 새로운 모습으로 나타나 다시 괴롭힌다. 마치 이어달리기를 하듯, 조금이라도 앞서 달리면 이내 따라붙어 바통터치를 하고서 다시 쫓아온다. 어찌하지 못하는 것을 아니까 그대로 둔다.

오늘은 제때 일을 해내지 못한 자책의 문구가 쓰인 표지판을 보고 밤에 도착했다. 또 새로운 불안을 안고 이 글을 써내고 있다. 이 책이 완성되면 비로소 긍정의 표지판을 만날 수 있을까? 그때가 되면 반환점을 돌아 어떤 길로 향할 수 있을까?

DATE
25년 3월 23일

## 가족
---

**나는 여전히 가족이 어렵고,**
**여전히 가족이 그립다.**

    어머니의 환갑을 축하하기 위해 오랜만에 네 명이 모두 모인 주말. 정말 많은 일이 있었는데, 매 순간 가족에 대해 생각하지 않을 수가 없었다. 지금은 따로 나와 산 지도 꽤 오래 지나 가족에 대해 이렇게까지 생각해 보지 못했었다가 다시 그 의미와 서글픔에 대해 새삼 깨닫게 되었다.

    어릴 적부터 늘 가족이 어려웠다. 이유는 모르겠지만 그들과 함께 살고 있는 집이 불편했다. 아마도 있으면 안 될 곳이라는 생각이 강했기 때문이었다. 누가 눈치를 주거나 그렇다고 하지도 않았지만 스스로 외톨이를 자처했다. 가족은 어쩐지 남처럼 느껴졌다. 그래서 준비가 되면 얼른 집을 나가서 나만의 공간에서 편안하게 살고 싶다고 생각했다.

그러다 타지에서 회사에 다니게 되어 마침내 독립을 하게 되었다. 가족과 함께 살다 혼자 모든 것을 해결해야 하는 상황에 놓이자, 처음엔 당황했다. 그러다 이내 적응하고는 혼자 잘 살아갔다. 때로는 방황하고 실수하고 무너지고 다시 일어나기를 반복했지만, 적어도 지금까지는 큰 문제 없이 살아내고 있다.

그런 내게 가족이란, 이제 떠나 온 고향에서 지내는 '가족' 그 자체였다. 명절이나 가족 행사가 있을 때 고향에 가 맛있는 걸 나눠 먹고 이야기 나누고는 다시 각자의 삶으로, 지내고 있는 내 집으로 돌아온다. 보통의 독립적인 가족들의 모습으로 다시 복귀한다.

그러다, 마음이 힘들어질 때면 가족들이 문득 생각나고는 했다. 역시 이런 게 가족인가, 생각하다가도 약해지면 안 된다며 다시 혼자 살아가야 할 이 삶을 잘 꾸려나가고자 마음을 다잡았다. 집을 나온 이후 가족에게 돌아갈 수 없으니 어찌 되었든 혼자 여러 사건을 해결해 나가려고 노력했다.

예전에는 가족을 이해할 수가 없었다. 대화가 되지 않을 때는 그들을 원망하기도 했다. 의견을 물어보지 않고 나에 대한 결정을 내릴 때는 밉기도 했다. 늘 빨랐던 가족의 속도에 맞추지 못하는 나 자신이 잘못되었다고 생각하기도 했다. 어쩐지 그들과는 다른 내가 별종이라는 생각까지 들었다.

그러다 이번 행사, 어머니의 환갑 잔치를 통해 이제야 가족을 이해하고 말겠다는 고집을 버렸다. 애초에 나와는 다른 사람들을 이해하려고 했다. 그저 가족은 가족이다. 선택할 수 없었기에 힘들고 서글펐지만, 결국에는 다시 나를 받아주는 사람들이다. 지쳐 쓰러질 때는 가족들이 생각나게 되니 말이다. 미워도 가족은 가족인가 보다.

가만 생각해 보면 가족은 나를 있는 그대로 바라봐주었는데 정작 나는 스스로 그러질 못했다. 예민한 나를 그들은 존중해주었다. 그게 때로는 내 마음에 들지 않아 가족들에게 가혹했다. 나를 아끼지 못 한만큼 그들을 보듬지 못했다. 다들 부족한 채로 각자의 삶을 살아내기 위해 부단히 노력했을 텐데, 그저 나약한 인간일 뿐이었는데 그 모습을 이해해 주지 못했다. 어렵다는 이유로 피하기만 했다.

그런 가족의 의미가 이제는 변하고 있다. 과거에는 멀리 달아났다. 가족은 나를 지켜줄 수 없다는 생각에 사로잡혀 얼른 떠나야 한다는 압박에 시달렸다. 그러나, 정작 떠나 온 타지에서의 생활을 통해 그리움을 알았다. 떠나보니 알게 된다. 지독한 우울과 불안을 통과하며 극복해 가는 과정에서 그들의 부재를 절실하게 느꼈다. 힘들 때 힘들다고 할 가족이 내겐 간절했다.

가족 중 가장 나이가 많은 어머니는 어느새 환갑이 되었다. 어릴 적 보았던 어머니의 나이가 된 나도 이제는 늙어가고 있다고 생각했다. 그런데 정신을 차리고 다시 올려다본 어머니는 어느새 저만치 훌쩍 앞서 살고 있다.

아직도 세상이 무서운데, 어떻게 살아야 할지 아직도 막막한데, 묻고 싶은 게 이렇게나 많다. 우리보다 가장 앞서 세상을 살아보고서 어머니에게 가장 최선의 방법으로 가족을 지키셨을 거다. 그 지혜를 배우고 싶다. 어머니 세상을 도대체 어떻게 살아가야 하나요?

DATE
24년 7월 8일

# 네잎클로버와 꽃잎

다시 읽고 싶어 편 책에서 오래전 소중한 사람에게서 받은 네잎클로버와 꽃잎들을 발견했다. 그 모양이 놀랍도록 잘 유지되어 있었다. 아마도 그의 마음이 잘 담겨있어 그런가보다.

그때의 기억이 고스란히 남아있다. 그때의 그 감정도, 느낌도 모두 생생하다. 그도 같은 기억에 머물렀으면 좋겠다. 이 책을 보여주며 함께 추억을 더듬어보면 좋겠다.

DATE
25년 4월 8일

# 감사한 마음

    2022년 10월, 처음 책을 만들고서 마지막 상담을 마치고 책과 작가 명함을 상담 선생님께 드렸다. 인생이 끝난 것처럼 힘들었던 그때 처음 받았던 상담을 마치며 이제는 다시 새로 태어난 것처럼 이전과는 다른 삶을 힘차게 시작한다는 의미였다. 그럴 수 있게 도움을 준 선생님께 감사했다.

    책의 제목처럼 어느 날 문득 잘 살고 싶어져 찾아간 곳에서 만난 선생님은 생명의 은인이나 다름없었다. 곧 죽을 것처럼 삶을 연장하던 내게 삶의 의미를 가르쳐 준 상담 덕분에 이제는 죽음을 연장하면서 오늘 주어진 시간을 잘 살아갈 힘이 생겼다.

    1년 정도 진행했던 상담의 종료 시점에 대해 논의할 때, 내게는 이 상담이 주는 의미가 크다며 첫 책이 나오고 나서 그만두고 싶다고 했다. 출간하고 나면 나를 돌보는 가장 큰 행위였던 이 상담을 그만해도 될 것 같았다. 마음을 가득 담아 만든 이 책이 세상에 나오면 괜찮을 것 같았다. 나를 지키는 유일한 상담이 없어도 안전할 것 같은 생각이 들었기 때문이다.

    우울과 불안이 불쑥 찾아왔던 때, 급한 업무를 처리하고 있었다. 당황해 아무 대응도 하지 못했다. 이게 무슨 일인지 모르다 보니 어떻게 해야 하는지를 몰랐다. 그저 게을러서 그런 줄 알았다. 일을 하기 싫어서 핑계 대는 거라 여겼다. 회사 생활이 지겨워서 그만두고 싶어서 이유를 찾는 거라 생각했다. 견디지 못하는 나 자신이 부끄러웠다. 이런 사소한 일조차 유연하게 대처하지 못하는 모습에 실망하며 자책했다.

    그러다 도무지 어찌하지 못하는 지경에 이르러서야 병원엘 갔다. 눈앞이 캄캄해져 모니터를 바라볼 수가 없었다. 귀는 누군가 막고 있는 것처럼 멍멍했다. 누가 불러도 대답하지 않는 일이 늘었고 당연히 소통이 잘되지 않았다.

　자연스럽게 업무에 집중할 수가 없었고 삶은 망가져 가고 있었다. 이러다가는 정말 죽을 것 같았다. 몸에 병이 나든, 마음이 고장 나 무너지든, 머리가 미쳐서 망가지든, 뭐든 그 기능이 죽어버릴 것만 같았다. 전문가의 도움이 없이는 더 이상 살아갈 방법을 찾을 수가 없었다.

　약의 도움인지 한동안은 괜찮아지기는 했다. 아니, 괜찮다기보다는 안 괜찮은 것을 멈출 수 있었다. 완벽하진 않지만, 일상생활을 할 정도는 됐다.

　그제야 다시 회사 업무를 처리했다. 동료들과 대화를 나누고 함께 밥을 먹을 수가 있었다. 숨이 안 쉬어져 휴게실로 뛰어가는 일도 줄었다. 무거운 공기가 짓누르는 기분도 조금 덜했다. 그렇게 다시 살아갈 수 있을 줄 알았다.

　그러나 그것도 잠시, 다시 생활이 어려워졌다. 의도적으로 숨을 쉬지 않으면 공기를 들이마시는 법을 까먹은 사람처럼 호흡할 수가 없었다. 무겁게 짓누르는 공기는 다시 주저앉게 했다. 혼자라도 먹던 점심은 도저히 식당에 갈 자신이 없어 굶거나 사무실에 가져와 간단히 먹었다. 귀는 물속에 가라앉은 것처럼 멍멍해졌다. 말이 잘 안 나왔다. 자연스레 대화가 어려워졌다. 시야는 마치 모자이크 처리를 한 것처럼 흐려졌다. 안개 속에 갇혀 앞을 볼 수 없는 기분이었다. 그제야 비로소 휴직을 했다.

집에서 머물렀다. 식사는 배달로 해결했다. 모든 연락은 받지 않았다. 가족, 친구, 후배, 선배, 직장 동료 등 그간 지속해 왔던 관계에서 벗어나 집으로 숨어 들었다. 마음의 감옥에 스스로를 가두었다.

가장 안전하다고 여겼던 집에서 가장 불안함을 느꼈다. 그나마 이 세상에서 몸을 숨길 단 한 곳이었을 뿐, 집은 더 이상 내게 편안함을 주는 공간이 아니었다. 어쩔 수 없이 머무는 임시 거처 같은 느낌이었다. 내게 더 이상의 안전지대는 남아있지 않았다.

그 시기에 용기를 내 상담을 하러 갔다. 많은 고민을 거듭하여 상담소에 다다를 수 있었다. 지금 와서 생각해 보면 뭐 그리 어려웠나 할 수 있지만 세상과의 단절을 바랐던 내게 세상의 일부인 상담소에 가는 것이 그렇게 힘들었다. 알 수 없는 작은 변수조차 큰 자극이 되어 금방 마음이 죽어버리는 그때 상담을 받으러 가는 일은 굉장한 각오가 필요한 것이었다.

그렇게 만난 선생님은 아직도 삶의 중요한 인물로 손꼽힌다. 그리 길지 않은 인생이지만 생의 마지막 순간에 상영할 파노

라마 영상에 분명 상담 선생님이 계실 거라 확신한다. 그만큼 내게 상담은 큰 사건이었다. 가는 것부터, 마지막 순간까지도.

그때는 마음이 온전하지 못해 감사하다는 말을 잘 전달하지 못했던 것 같다. 첫 책이 나왔다는 기쁜 마음에 정작 진심으로 감사의 말을 전하지 못한 것만 같다. 이 책을 보실 수 있을지는 모르겠지만 닿을 수 있기를 바라며 감사의 말씀을 남겨본다.

*"그때 정말 감사했습니다. 덕분에 살아갑니다. 생의 끝자락에서 찾아간 곳에서 새로운 생의 시작을 맞이했습니다. 나에 대해 전혀 몰랐던 저는 이제 어느 정도 이해하게 되었습니다. 완벽할 수 없다는 것도 이제 이해합니다. 우울하고 불안할 때도 어떻게 하면 다시 살아갈 수 있는지도 체득하게 되었습니다. 죽지 않고 죽을 만큼 살아보기로 했습니다. 죽음을 가정하고 오늘을 살아가기로 했습니다. 죽음을 향하던 저는 이제 삶을 향합니다. 이토록 아름다운 삶을 선물해 주셔서 감사합니다."*

살면서 감사함을 표현하는 데 참 인색했다. 지금도 변함이 없지만 그래도 작은 표현이라도 하려고 한다. 상대는 느끼지 못할지도 모르겠다. 그리고 섭섭할 수도, 부담스러울 수도 있겠다. 각자 같은 상황에서 다르게 받아들이게 될 테니까. 그런데 적어도 스스로는 후회가 없도록 감사함을 표현하면서 살고 싶다.

지금도 감사한 분을 떠올리자면 많다. 직접 표현하지 못해 그들은 잘 모르겠지만, 마음속에 빚을 안고 살듯 그들에게 늘 감사하며 훗날 나 또한 그들에게 그런 사람이 되어주기로 다짐했다. 감사함을 지니고 사는 일이 삶을 더 풍요롭게 해준다. 내가, 이 세상을 안전하게 살아가게 해주는 사람들 덕분에 오늘도 살아간다.

DATE
25년 1월 17일

# 요리를 같이 해먹는다는 것

    넓은 집에서 살 때는 손님을 자주 초대해 함께 맛있는 요리를 해 먹고는 했다. 그것이 행복이었다. 소중한 공간에 귀중한 손님을 모시고 좋은 시간을 공유한다는 것, 굉장히 멋진 일이었다. 그럴 수 있어서도 좋았고, 그런 사람이 곁에 있어서도 좋았다. 모든 것이 완벽했다.

    그러나 시간이 지나면서 열정은 시들해졌다. 퇴근하면 자고 다시 다음 날 바쁘게 회사를 나가는 뻔한 일상을 보내다 보니 자연스럽게 집은 숙소가 되었다. 더 이상 꿈꾸던 집의 기능을 상실했다. 쓰레기와 잡동사니가 늘었다. 먼지 쌓인 집기류와 조리도구들을 다시 씻고 정리해서 요리할 만큼 마음도 크게 들지 않았다. 그렇게 요리를 자주 해 먹지 않게 되었다.

요리할 때, 음식은 배를 채우는 게 우선이라고 생각했다. 대단한 노력을 기울이지 않았다. 영상을 찾아보면서 흉내를 냈다. 그래도 나름 맛있었다. '이 정도면 나쁘지 않네' 하면서 만족했다. 함께 먹은 사람들도 괜찮다고 해주어 그런 줄로만 알았다.

그런데 요즘은 함께 먹는 사람들과 먹는 이 한 끼가 소중하다. 그만큼 정성을 들여 요리한다. 요리할 때 함께 먹을 사람을 생각하면서 만든다. 그저 배를 채울 음식을 만드는 것이 아니라 함께 좋은 시간을 보낼 사람들을 위한 귀한 음식을 요리한다. 같이 먹을 사람을 배려하고 싶어서다. 메뉴 선정부터 간을 맞추고 요리를 완성한 후 어디에 담아내는 지, 어디서 어떻게 먹는지 등 처음부터 끝까지 다 생각해야 한다. 그래야 조금은 요리하는 맛이 난다.

예전과 다른 것은 요리하는 목적이 다르다는 것이다. 이전에는 배가 고파 먹을 한 끼를 만드는 일, 혹은 손님이 왔을 때 낼 음식을 조리하는 일, 그들과 나눠 먹을 식사를 준비하는 일이었다. 그런데 지금은 함께 먹기 위해 요리한다. 배를 채우는 일에 그 목적을 두는 것이 아니라 '같이'를 더 생각한다. 지금은 그 의미가 확장된 것이다.

일상의 폭이 넓어진 것은 다른 곳에서도 느낄 수 있다. 요즘은 자주 걷는 편인데, 걷는 일도 다르지 않다. 예전에는 혼자 걷는 걸 좋아했다. 누구에게도 방해받고 싶지 않았다. 그런데 이제는 같이 걷는 게 좋다. 보통 팀원들과 자주 걷는데 그게 참 좋다. 나를 잘 이해해 주는 사람들과 함께여서 그렇기도 하지만 '같이' 걸을 수 있다는 게 마음에 위안을 준다.

이제는 좋은 것을 보면 '함께'가 떠오른다. 무엇이든 함께해야 좋다. 혼자서도 아주 좋지만, 같이하면 더 좋다. 그것은 내면에서 겪은 큰 변화 때문일 것이다.

나에 대한 불신으로 가득했던 마음이 잦아들고 자신에 대한 믿음과 존중으로 채운 덕분에 이제는 꽤 타인을 바라보는 데 익숙해졌다. 자신에 대한 확신이 차오르면서 타인에 대한 긍정적인 마음도 피어올랐다.

나로 고여 머물던 작은 마음이 바깥을 향하게 되면서 시선이 자연스럽게 확장되었다. 자아에서 타아로 옮긴 관심은 내면의 치유가 있었기에 가능했다.

자신도 감당하지 못한 마음으로는 그 누구도 감당할 수 없다. 나부터 챙겨야 한다. 내가 온전해야 한다. 그래야만 타인을 온전히 받아들일 수 있다. 나의 세계를 스스로 감당할 수 있어야만 다른 세계를 이해할 수 있다. 나의 일상을 소중히 해야 타인의 일상도 소중해진다. 나아가 함께하는 일상도 누릴 수 있다.

예전에는 잘 안 먹어서 탈이었는데 이젠 너무 잘 먹어서 탈이다. 살이 부쩍 많이 쪘다. 그래도 즐겁다. 함께 시간을 보낼 이가 곁에 있기에 더없이 기쁜 마음으로 더욱 맛있는 것들을 찾아 같이 먹고 싶다. 또 같이 걸으면 되니까, 이 또한 내겐 즐거움이니까.

DATE
날짜 미상

# 집이 주는 평안

    어릴 적 어머니와 예전 살았던 동네에 갔던 적이 있다. 왜 그랬는지 모르겠지만 예전 살았던 집에 가고 싶다고 떼를 썼다. 성화에 못 이긴 어머니는 예전 살던 집을 찾아가 초인종을 눌렀다. 당시 살고 있던 분은 어머니의 부탁에 흔쾌히 집을 구경시켜 주셨다. 전체적인 분위기나 가구, 냄새 같은 것들은 다 바뀌었지만, 살았던 흔적은 그대로였다. 좋았던 기억이 새록새록 피어올랐다.

    어른이 된 지금도 한때 머물렀던 곳에 대한 그리움이 있다.

첫 번째 회사 연수를 위해 얻었던 고시원은 비좁고 눅눅했지만 나름 지낼만했다. 두 달 동안 피곤한 몸을 쉬게 하는 데는 부족함이 없었다. 특히 무료로 제공되는 밥과 김치가 좋았다. 동기들과 자주 술을 마시고는 돌아가는 길에 꼭 라면을 사서 김치와 밥을 함께 먹었다. 그게 아직 좋은 기억으로 남아있다.

회사에 다니게 되면서부터는 제공받은 숙소(당시 고급 아파트)에 방 한 칸을 배정받았다. 방이 세 개였으니까 세 명이 한 집을 공유했다. 아침에 나가서 밤 열두 시가 다 되어 들어왔던 그 당시, 집은 그저 잠깐 쉴 수 있는 공간일 뿐 집으로 느껴지지 않았다.

퇴사 후 두 번째 회사 입사를 준비할 적에는 서울에서 방을 얻어 살았다. 원래 주인이 잠시 방학 때 비우게 된 집을 두 달간 빌렸다. 덕분에 취업 준비에 완전히 몰입할 수 있었고 그해 바로 재취업을 할 수 있었다.

회사 생활을 하면서는 기숙사 생활을 했고, 답답해 두 달도 지나지 않아서 뛰쳐나와 본격적으로 자취를 시작했다. 그때부터는 고생 시작이었다. 집 나오면 고생이라더니 정말이었다.


내 공간이 주는 기쁨도 잠시, 밀려드는 월세와 관리비, 공과금처럼 매달 발생하는 지출의 압박을 받게 되었다. 거기에다 회사 생활에 지쳐 집안일은 뒷전이어서 지저분해지는 집을 도저히 치울 힘이 없어 방치하는 일이 잦아졌다. 호기롭게 직접 요리해 먹겠다고 사놓은 식기와 조리도구들은 먼지가 뿌옇게 쌓여갔다. 무분별하게 사 모은 잡동사니들은 나뒹굴었다.

도무지 4~5평 남짓 좁은 이 집에서는 버틸 수가 없어 큰 집으로 이사를 갔다. 그렇게 방이 세 개나 있는 집에 혼자 사는 신세가 되었다.

넓은 새로운 집에서의 생활을 통해 여러 가지 알게 되었다. 혼자인 내게 큰 집은 필요 없다는 것, 넓으면 관리가 더 힘들다는 걸 배웠다. 넓어봤자 다 활용하지도 못했다. 거의 거실에서만 지냈다. 청소 한 번 하려고 하면 반나절은 걸렸다. 보이는 곳만 치웠는데도 그랬다. 이후 나는 짐을 줄여 조금 좁은 집으로 이사를 했고, 그다음으로 이사한 곳이 바로 지금 살고 있는 집이다.

어릴 적에는 막연하게 집에 대한 환상이 있었다. 나만의 공간을 예쁘게 꾸미고 싶었다. 넓은 집에 살며 이것저것 들여놓고 살고 싶었다. 손님이 오면 내줄 손님방, 하고 싶은 작업을 하는 작업실, 편안한 숙면을 위한 침실... 욕심이 많아서 방도 다다익선이었다.

이제는 방이 하나다. 이것도 충분하다는 생각이 든다. 모든 것을 짊어지고 살고자 했던 그때와는 다르게 많은 것을 버리면서 살고자 하는 지금 집은 그저 편안한 공간이면 만족한다.

　머물렀던 곳에 대한 추억이 많다. 그곳에는 당시의 내가 여전히 산다. 새로운 사람이 오가는 동안에도 내가 살았던 흔적은 남는다. 몇 군데는 사라지고 없기도 하다. 주차장이 되기도 했고 신축 아파트가 되기도 했다. 그러나 마음속 한편에는 그 공간에서 느꼈던 무수한 평안이 있다. 덕분에 몸을 지킬 수 있었다. 마음을 편히 쉬게 했다. 피어오르는 사랑을 배웠다. 도착할 안전지대가 있었다. 모든 감사함을 알았다.

　집은 자꾸 가고 싶은 공간이어야 한다. 현관문을 나서면 모든 것이 어렵다. 마음 둘 곳 없이 이리저리 치이다 보면 집 생각이 간절해진다. 그렇기에 집은 가장 안전한 곳이어야 한다. 자꾸만 돌아가고 싶은 곳이어야 한다. 집이 불편해지면 인생 참 고달프지 않겠는가. 마음 편히 쉴 곳이 없다는 것은 생각만 해도 괴롭다.

　그런 의미에서 지금의 집이 주는 평안이 크다. 쾌적한 환경이라는 심리적 안정과 더불어 재정적으로도 큰 도움이 된다. 전

집에 비해 집세가 세 배가량은 저렴하고 주거 환경이나 안전, 위치 등 모든 측면에서 삶의 질이 올랐다. 꽤 만족하며 살고 있다.

　어릴 적 어머니와 갔던 그곳에 이제 다시는 돌아갈 수는 없겠지만 그리움을 안고 살아갈 수 있어서 행복하다. 돌아갈 수 없다는 것을 알기에 더 그리운 마음의 고향이 있다는 것이 꽤 큰 위로가 된다. 지금 살고 있는 이곳이 지금은 마음의 고향이다. 현관문을 열고 들어서면 세상에 지친 마음 훌훌 턴다. 몸과 마음을 쉬게 한다. 이곳에도 흔적을 남긴다. 훗날 그리워질 이 집을 더 사랑하게 될 것 같다.

> 보고서

여러모로 많은 생각을 하게 된 하루.
이런 하루들이 또 더 나은 삶을 만들어 주리라 믿는다.

| | | | |
|---|---|---|---|
| **날씨** | 아주 좋음. 따뜻함 | **감정** | 불안, 피곤, 즐거움, 감사 |
| **키워드** | 성찰, 불안, 우울, 어떻게 살 것인가, 어른 | | |
| **수면** | 잠을 많이 자지는 못 했지만 그래도 수면의 질이 높았다. | | |

## 오늘의 좋음

좋은 사람들과 함께 오늘도 무사히 강릉에 다녀올 수 있어서, 바다를 오랜만에 봐서, 날씨가 좋아서, 살아 있기에 이런 감사한 하루를 보낼 수 있어서, 좋은 사람들과 잔뜩 만나고 좋은 이야기를 나눈 것, 삶에 대해 다시금 되짚고 돌아보고 정리해 내며 더 어떻게 살아야 하는지 생각해 보게 되어서.

## 오늘의 나쁨

글을 정리하지 못 하고 또 주저하며 걱정을 키웠다.

나는 지금 생의 어느 지점에서 서성이고 있을까.

좋은 사람들과의 대화는 늘 큰 자극이 되곤 한다. 이런저런 시시콜콜한 농담 같은 이야기부터 어떤 이의 커다란 목표에 대한 이야기까지, 듣고 있노라면 직접 겪지 못했던 많은 세상을 탐험하는 기분이 든다.

다양한 사람들의 삶을 대하는 태도나 각자의 생을 살아가는 이들의 삶의 모습을 엿볼 수 있는 짧은 대화는 아주 큰 기쁨이다. 그들에게서 나를 보고, 나를 듣고, 나를 느낀다. 전혀 다른 방식으로 살지만 결국 이 세상에 살아가고 있다는 것은 같다. 나와 다르지 않은 그들의 인생에서 다시 살아갈 이유를 찾아 다시 내일을 향할 다짐을 하게 된다.

강릉에서 만난 사람들과 나눈 대화에서 나는 또 살아가야 할 이유를 찾았다. 그리 거창한 이유는 아니지만 늘 어떻게 살아야 하는지에 대해 고민하던 나에게 그들의 이야기는 내게 조금이나마 힌트를 주는 것 같았다.

살아가는 것이 죄스럽고 삶보다는 죽음을 향하던 때에 지독하게 나를 괴롭히던 물음 중 하나에 대해서 그들은 그저 살아가라 말해주었다. 자신의 삶을 살아가고 있는 그들은 하루하루 충실하게, 그러나 진지하게 차곡차곡 쌓아가고 있었다. 특별할 것 없는 하루를 반짝이게 만드는 것은 바로 그 누구도 아닌 그들 자신이었다. 누군가를 위한 삶이 아닌 나를 위해 살아가는 것이다.

특별할 것 없는 나 자신이 한심하다고 느껴지던 때가 있었다. 그렇다고 특별해지고 싶은 마음도 없었다. 그저 이 세상에서 사라지고 싶을 뿐이었다. 뭐 하나 잘할 줄 아는 것 없고 그렇다고 두루 잘하는 것도 아니었다. 좋아하는 것도 없고 아주 싫어하는 것도 없었다. 사랑을 받는 것도 주는 것도 어색했기에 굳은 마음으로 살았다. 나를 제일 미워했다. 그런 내게 삶이란 것은 거추장스럽고 귀찮은 존재일 뿐이었다.

그런 내가 이제는 삶을 오롯이 바라본다. 특별하지 않아도 괜찮다. 평범하지 않아도 되고 무언가가 될 필요도 없다. 잘할 필요도, 그렇다고 다 못 할 필요도 없다. 그저 하면 된다. 빠르지 않아도 괜찮다. 무언가를 구태여 사랑할 필요도 없다. 나를 치켜세우지도, 그렇다고 너무 책망할 필요도 없다. 많은 것을 손에 쥐지도, 그렇다고 놓을 필요도 없다.

## 그저, 살아가는 거다. 그저, 흘러가는 거다.

    그들에게서는 빛이 났다. 무언가에 몰두하고 있는 사람들은 빛을 머금고 있다. 그 힘은 어디서부터 오는 걸까. 그런 그들의 곁에 있으면 좋은 영향을 받게 된다. 삶을 대하는 자세를 보고 괜히 나도 자세를 고쳐낸다. 그러고는 다시 내가 가야 할 길을 본다. 나는 빛이 나는 사람일까. 그 빛이 내가 가야 할 길을 잘 비추고 있을까. 나는 어디쯤 있나. 생의 어느 지점에서, 어떤 빛을 내고 있을까.

# 2

## 잠에 드는 일
*내일을 꿈꾸며*

사랑, 인생, 다정, 흘러가다, 기대

살아남다, 목표, 자기 성찰, 다짐

올곧음, 자기만의 삶, 묘한 기대감

근거 없는 자신감, 머물러라 지금 여기서

vol. 04

꾸준히 배우기

## 오늘 할 일

그렇다. 나는 사는 동안 끊임없이 나의 쓸모를 찾아왔던 것이다. 그럼, 정작 나는 그 누군가에게 그리 쓸모 있는 사람이었을까. 아니, 그전에 나 스스로에게 그런 존재가 되어주었을까. 누군가의 무언가 무엇기를 위한 누군가가 되려고 애쓰다가 정말 중요한 것들을 놓치고 산 건 아니었나.

DATE
25년 4월 25일

# 흉터

왼쪽 팔뚝에 기다란 상처가 났다. 엄청 깊지도, 그렇다고 얕지도 않은 기다란 줄처럼 이어진 이 상처는 어느 날 아침에 발견했다.

그러니까 전날 자기 전에는 분명히 없었던 게 아침에 일어나니 쭈욱 누가 그어놓은 듯 생겨있었다. 영문 모를 일.

처음에는 몰랐다. 씻으려고 보니 조금 따끔거려서 알게 되었다. 꽤 큰 상처에 당황했고 슬펐다. 영문도 모르게 다쳐서 괜히 흉이 지겠다는 생각에 괜히 서글퍼졌다. 이제 곧 더워지면 반팔

입어야 하는데 흑.

    인생이 원래 그런 건가보다. 이렇게 예기치 못한 일이 늘 일어나기 마련. 작은(나는 크다고 생각하지만...) 상처 하나도 모르게 생기고 이 흉은 아마 어떤 형태로든 이 자리에 남아있겠지 싶다.

    역시 인생은 재밌어. 내 몸의 생채기 하나 마음대로 하지 못하는걸, 그렇게 아등바등 안 되는 일을 부여잡고 살았나 싶다. 무슨 일이든 바로 포기해 버리고 안 된다고 확정 지으면 안 되지만, 그렇다고 내가 어찌할 수 없는 일에 너무 마음을 쓰지도 말아야겠다.

    아직도 이 상처는 나아가고 있다. 흉이 지겠지. 어쩌겠는가. 그냥 또 이렇게 좋은 배움을 얻었으니 감사하다고 해야 하려나.

**DATE**
25년 4월 20일

# 이제 조금 알 것 같다

전 회사의 연수를 받던 때, 팀장을 맡았다. 하고 싶진 않았는데 처음 만난 자리에서 분위기를 띄워보겠다고 몇 마디 했던 게 화근이었다.

어쨌든 맡은바 성실히 임했다. 무리를 했던 탓일까, 연수를 마치고는 목소리가 나오질 않았다. 말 그대로 정말 소리가 안 나왔다. 꽤 고되었나 보다.

그때 한 가지 힘들었던 것 중 하나는 대다수의 팀원이 어딘가 회사에 다니다가 이직을 한 사람들이라는 점이었다. 이미 한 차례의 연수를 경험한 그들은 모든 과정에 적극적이지 않았다. 그저 해야 할 일만 딱 해냈다. 그리고 정말 잘 해냈다. 역시 경험을 무시할 수는 없었다. 그 덕에 마음은 팀 성과는 좋았다.

    어느 순간에는 그들이 밉기도 했다. 열정 없는 당시에는 그들이 이해되지 않았다. 뭐든 덤벼들어 해내고 싶은 나와는 다르게 그들은 내 맘처럼 따라주지를 않았다. 나도 한 차례의 연수를 겪고 이직을 한 것은 똑같았기 때문에 더 이해되지 않았다.

    그러나 지금은 그들을 이제 이해하게 된다. 아니, 오히려 그들처럼 나는 왜 그러지 못했을까 생각하기도 한다. 적당히 해야 했는데 너무 힘을 많이 쏟아부었던 것은 아닐까, 생각한다.

    아마도 그들은 알았을 것이다. 연수에서 만난 이 인연이 영원하지 않다는걸, 그러니 소중한 에너지를 쏟을 필요가 없었을 것이다. 맡은 역할에 충실하되 그 이상의 노력은 오히려 내게 득될 것이 없다는 것을 그들은 알았을 것이다.

    그저 현명하게 자신이 해내야 하는 일을 척척 해냈다. 그뿐이었다. 그런 그들에게 나는 섭섭한 마음을 가졌다.

    모든 건 직접 겪어보지 않으면 이해하기 어렵다. 지나 보니, 겪어보니, 살아보니 알겠다.

    사실 이 또한 내 생각일 뿐 그들의 마음은 물어보지 않아서 모른다. 단지 나의 기준에서 그들을 이해해 보는 것이다. 조금 더 유연해졌다고 할 수도 있겠다.

어떤 사건의 표면만 보는 것이 아니라 더 깊은 면을 바라볼 수 있다면 삶을 다채롭게 살아갈 수 있지 않을까. 나 이외의 사람도 이해하고 그들에게 관용을 베풀 수 있지 않을까. 편협한 생각에서 벗어나 조금 더 성숙해질 수 있지는 않을까. 끊임없는 물음으로 다시 부끄러운 나를 돌아보게 된다.

DATE
25년 4월 15일

# 특별할 것 없는

며칠째 흔들리는 이를 뽑기 위해서 어머니의 손을 잡고 치과에 갔을 때의 일.

죽도록 싫어지만, 잇몸에 들러붙어 줄다리기하는 이를 평생 달고 살 수도 없는 노릇이었다. 울며 이를 겨우 뽑아냈다.

그러더니 어머니와 의사 선생님이 갑자기 약속에 없던 입병에 대해 이야기하는 것이 아닌가. 그러더니 알보칠을 발라주겠다 했다. 기겁했다.

당시 알보칠의 무서움을 누구보다 잘 알았다. 면역력이 약해 입병을 달고 살았는데 어머니는 그 모습이 안쓰러워 알보칠을 한 번 발라준 적이 있다. 바르자마자 별을 봤다. 방바닥을 데굴데굴 구르며 이대로 죽는 걸까 생각했다.

상처는 이내 나았지만, 마음은 쉽게 낫지를 않았다. 다시는 이 고통을 맛보지 않으리라 다짐하며 입병이 나도 그냥 참았다. 너무 심할 때는 다른 약을 발랐지만, 알보칠보다 빠르게 낫지는 않았다.

결국 울고불고하며 자리를 박차고 나왔다. 치과를 뛰쳐나오는 나를 어머니는 크게 나무랐다. 이게 뭐 하는 짓이냐며 예의 없는 태도에 대해 지적하며 혼을 내셨다. 그 말을 뒤로하며 눈물 콧물로 범벅이 되어 제정신이 아닌 채로 뛰어 집으로 갔다. 아직도 그 일이 생생하다.

어른이 된 지금은 입병이 나면 바로 알보칠을 찾는다. 오히려 없으면 아쉽다. 얼른 이 고통을 벗어나야 제 컨디션을 찾을 수 있으니까 빨리 낫는 법을 찾는다. 입병 따위가 일상을 망치는 것을 원하지 않는다.

시간이 소중하다. 입병으로 포기하기에는 세상에는 맛있는 것도 많다. 지금의 행복을 소소한 질병 따위가 막게 두고 싶지 않다.

 어른이라는 게 그리 특별한 것이 아닌 것 같다. 다소 무뎌지는 것이다. 어릴 적 참을 수 없을 것 같은 일도 이제는 견뎌낼 수 있는 것이 어른이다. 방방 뛰던 일도 이제는 다소 무뎌지는 것, 오히려 더 강해져 그 고통과 싸울 수 있을 정도의 마음을 갖는다.

 어릴 적 나를 무너지게 하던 입병은 이제 아무것도 아니게 되었다. 입안의 작은 상처가 아니고도 세상은 고통의 연속이다. 어설픈 어른으로 살아가는 동안 보이지 않는 상처는 잘 감추는 방법도 꽤 안다.
 그런데 아픈 건 아픈 거다. 그게 괜찮다는 의미는 아니니까. 그런데도 더 이상 고통에 무너지는 것이 아니라 그 고통을 지니고도 지금의 행복을 더 추구하는 것이 곧 어른일까. 그렇게 어른이 되어가는 걸까.

DATE
25년 3월 1일

# 산의 가르침

    날이 꽤 따뜻해져서 동네 뒷산에 올랐다. 춥다는 핑계로 찾지 못했던 산은 여전히 그 자리 그대로였다. 언제 돌아올지 모를 사람들을 늘 기다리는 것처럼. 괜히 미안해졌다.

    산의 풍경은 오래 흐른 시간만큼 변해있었다. 유독 눈이 많이 왔던 올겨울 덕분에 온통 하얗던 땅 사이로 조금씩 초록빛이 돌았다. 작은 생명들이 존재감을 드러내고 있었다.
    작은 동물들도 봄을 준비하는 것처럼 바쁘게 움직였다. 겨우 내 굳었던 몸을 기지개 켜고 미뤄두었던 생을 분주하게 사는 것 같았다. 부디 모든 생명이 그들의 봄을 잘 맞이했으면 좋겠다고 생각했다.

 수많은 사람이 오고 간 곳에는 다져진 흙길이 나 있다. 언제 와도 헤매지 않도록 산이 내어준 길을 따라 걷다 보면 금방 정상에 다다른다.

 그곳에는 낮은 그루터기가 하나 있는데 늘 짧은 응원의 말을 남기고 온다. '대박' '화이팅' 같은 간단한 말이지만 그게 꽤 뿌듯하다. 뒷산이지만 오늘도 무언가 해냈다는 기쁨과 다시 이 마음을 가지고 잘살아 보자는 다짐 같은 마음이 담겨있다.

 산에서 내려오고 나면 상쾌하다. 뒷산은 무리하지 않고 적당히 운동하기에 좋다. 그리 높지 않고 적당한 높이의 산에게 적당하게 살아가는 지혜를 배운다. 숨 꼴깍 넘어갈 것 같을 때 잠시 와서 오르내릴 수 있는 이곳에서 잠시 쉬었다 가라고 하는 것 같다.

 뭐든 무리하면 탈이 난다. 높은 곳에 오르다 보면 자꾸 올라가도 보이지 않는 정상과 아득한 돌아갈 곳이 두려울 때가 있다. 그러나 뒷산은 오르면 다시 내려갈 곳이 있다고 걱정하지 말라 위로도 잊지 않는다.

 산은 자꾸 찾게 되는 묘한 매력이 있다. 마음이 지쳤을 때는 잠시 들러 숨을 쉰다. 건강을 챙기기 위해 들러도 좋다. 숨이 꼴깍 넘어갈 것 같은 운동은 아니지만 몸의 전체를 활용해야 하는 만큼 그 운동 효과가 꽤 크다. 또 머리가 복잡할 때도 산에 다녀오면 맑아지는 기분이 든다.

 산은 우직하다. 늘 그 자리를 지킨다. 언제든 와서 머물다 가라 한다. 나처럼 당신도 살아가라 한다. 그저 이 자리에서 각자의 삶을 보내라고 한다. 또 어딘가 떠나게 되더라도 그러라고 한다. 어디든 갔다가 힘들면 다시 오르라 한다. 그럼 나 여전히 살고 있다고 말한다. 산의 가르침 덕분에 오늘도 숨을 쉰다.

vol. 05

나에게 다정해지기

## 오늘 할 일

하루를 충실히 보내지 못했다는 생각이 들 때.
괜히 나를 탓하게 되는 그런 날.
그래도 괜찮다.
하루를 보내고 안전히 다시 맞은 저녁.
고생한 나를 위해 조금은 다정한 말을 해주었으면.

DATE
25년 3월 9일

# 인생을 시험 치르듯

제주 광치기 해변. 어느 해에 와도 고즈넉한 이곳은 내면의 평화를 가져다준다. 적당한 바람이 부는 이곳에서 까만 모래를 사근사근 밟으며 걷다 보면 마치 다른 우주의 어느 공간에 있는 듯한 느낌이 든다. 고속도를 벗어나 까만 흙바닥의 어느 숲길을 걷는 듯, 가야 할 길의 다른 저 편의 방향으로 걷는 시간 속에서 살아있음을 느낀다.

넘실대는 파도, 가만히 서서 먼 곳을 바라보는 갈매기, 평온한 표정의 사람들, 모래 사이 예쁘지만 부서지고 깨진 조개껍질들, 꽤 시간이 흘러 끝이 뭉툭해진 유리 조각들. 오늘이 지나고 다시 도시 속으로 파고들면 마주하지 못할 존재들을 잠시라도 더 눈에 담고 싶었다.

광치기 해변의 주변으로는 유채꽃이 만발했다. 수채화처럼 눈 앞에 펼쳐진 노란 풍경에 마음을 홀랑 빼앗겼다. 이번 해는 어떻게든 유채꽃과 함께 사진을 찍긴 하네 생각하면서 겨우 사진 하나 남겼다.

그러고는 그림 속 존재처럼 노란 팔레트 위를 거닐었다. 유채꽃의 노란 바닷속으로 풍덩 빠져들고만 싶었다. 그 순간만큼은 다른 생각이 들지 않았다. 이 세상에 존재할 수 있어서, 이런 풍경 속을 거닐 수 있어서 감사할 뿐이었다.

인생을 치열하게 살던 때, 마치 하루하루를 시험 치르듯 살았다. 마치 정답이 있는 것처럼 굴었다. 그러다 틀리면 무너졌다. 불안을 키웠다. 돌파구를 찾지 못하고 도피처를 찾았다. 부수고 나아갈 생각을 하지 못하고 뒤돌아보지 않고 도망쳤다. 시험에 낙방한 마음을 가눌 길이 없어 그랬다. 시험 치르듯 사는 매일은 괴로움의 연속이었다.

휴직 때 게스트 하우스 스탭으로 일했던 시절, 육지에서 일상을 떠나 온 섬에서 만난 사람들과 바라본 풍경들이 내게는 위로였다.

혼자가 아니라 늘 함께여서 좋았다. 느리게 흘러가는 제주의 삶을 통해 조금 더 느리게 가는 법을 알았다. 정해진 길이 아닌 다른 방향으로 나아가는 법을 깨달았다. 그래도 괜찮다는 걸 배웠고 그러지 않아도 되는 것들을 알았다.

구태여 끌어안지 않아도 될 것들과 꼭 품에 안아야 할 것들도 알게 되었다. 때론 모른 척하며 손에서 놓아야 할 것들에 대해서도 깨닫게 되었다.

모든 일이 단 두 달 사이 일어났다. 그때 이후로 점차 회복되기 시작했다. 완전하진 않지만, 마음의 땅에 희망의 씨앗을 심었다. 느리지만 싹을 틔우더니 마음에는 잘 살고 싶은 마음이 자랐다.

☾

서른여섯의 내가 다시 찾은 제주는 그대로였다. 그때 내게 많은 것을 알려주었던 이곳은 여전히 다정히 말을 걸어준다. 회사에서의 치열한 삶의 현장에서 벗어나, 하고 싶은 일을 하고 있지만 한 치 앞 미래를 장담할 수 없는 울창한 숲길을 거니는 지금도 제주는 여전했다.

이제는 인생을 시험 치르듯 살고 싶지 않다. 제주에서 마주한 장면들을 누릴 수 있는 마음만 있다면 충분하다.

유채꽃이 만발한 제주에서 마주한 노란 감격스러운 풍경, 광치기 해변의 부드럽고 까만 모래와 바다의 반짝임이 줬던 평안을 잊을 수 없을 것만 같다.

고난이 찾아올 때 꺼내볼 수 있는 앨범 속 사진 하나가 늘었다. 한동안은 제주의 기억을 꺼내보며 다시금 삶을 잘 살아낼 수 있을 것 같은 기분이 든다.

걷고 있는 이 길의 흙냄새, 꽃 냄새가 참 좋다.

DATE
24년 3월 13일

## 삶의 동력들

　진해의 여좌천 로망스 다리를 걷다 운동화 끈을 단단히 묶었다. 이어폰을 타고 흐르는 카더가든의 나무, 한적한 산책로, 아직 채 피지 않은 벚꽃의 몽우리, 고즈넉한 분위기의 건물들. 이 모든 게 다 행복의 조각들. 그리 거창한 것이 아닌, 헐렁해서 하루 종일 신경 쓰였던 운동화를 묶어 발에 딱 맞아 느낌이 좋은 지금의 이 편안함만으로도 이미 충분한 삶의 동력들.

**DATE**
24년 4월 24일

# 지긋지긋할 지경이 되는 것

 끝끝내 지속하는 것, 지독하게 붙들고 늘어져 지긋지긋할 지경이 되는 것이 삶이다. '살아 있음' 혹은 '살아가는 것' 정도의 정의를 내려보아도 결국에는 그 형체가 모호해 명쾌하게 어떤 수식어를 붙일 수는 없지만 내게는 어떤 식으로는 붙들어 매 나아가야 하는 것으로 느껴진다. 여전히 수많은 지루한 하루를 이어 붙여 지금을 만들어 낸다. 그럼에도, 그렇지만 이런 삶도 감사하다. 오늘이 마지막 하루라면, 정말 끝에 다다른 거라면 오늘을 감사하며 마감하고 싶다.

**DATE**
23년 10월 13일

## 예민한 감각

**난 쓸모없는 인간이라고 생각했다.
적어도 어느 순간에는.**

사는 일이 어쩌면 쓸모를 찾아가는 여정인 것 같다. 친구와 가족들, 함께 사는 고양이에게 나는 쓸모 있을까? 사회에서는 함께 하는 동료들에게는 어떤 쓸모가 있을까? 그들에게 물어보지 않았으니 이 고민은 늘 남아있다. 나는 어느 정도의 쓰임새를 가진 인간일까.

무엇 때문에 사느냐, 아직 그 답을 찾지 못했다. 아직은 질문에 쉽게 답을 찾을 만큼 깊지 않다고 느껴진다. 무거운 짐을 질만큼 성숙하지도 않다. 아직 쓸모를 찾기에는 쓰임새를 증명한 적이 없다. 더 이상 쓸모를 찾지 않아도 될 날에 다다라서야 조금은 알게 될지도 모르겠다. 어려운 질문을 떠안고 남은 삶을 어떻게 살아야 하나 막막하기만 하다.

사람은 모두 장단이 있다. 장점이 없다고 하더라도 아직 발견을 못 했을 가능성이 높다. 단점을 크게 생각해 장점이 상대적으로 드러나지 않을지도 모른다.

분명 장점 하나쯤 있다. 나 또한 단점만을 바라보고 살았다. 도통 내가 잘하는 게 뭔지 몰랐다. 그러다 하나 발견한 건 센스가 있다는 거다.

살아온 날을 되짚어보면 나는 예민했다. 그 탓에 작은 일에도 쉽게 마음이 무너져 내렸다. 별거 아닌 상황에서 당황하기도 했다. 뭐 그거 가지고 그러냐 하는 말에도 상처를 받았다. 늘 불안했다. 오늘은 어떤 상처를 받게 될까? 노심초사했다. 늘 긴장상태를 유지했다. 몸이 굳고 실수가 잦았다. 대체로 사람에게 힘들었으므로 사람을 멀리했다. 사람이 무서웠다.

그러나 나는 센스가 있었다. 예민한 성격 덕에 늘 재빠르게 대처할 수 있었다. 눈치가 빨라서 어디를 가도 기민하게 행동했다. 내가 필요한 것 같으면 나섰다. 필요하지 않을 것 같으면 빠졌다. 미리 상처받을 것 같으면 나를 지켰다. 자리를 피하거나 적절한 대응을 했다. 머릿속으로 수없이 떠올린 후 대처했다. 그럼 상처받는 일이 덜 했다.

나아가 누군가를 도와줄 수도 있었다. 그의 표정을 살피고 곤란한 이를 어떤 상황에서 빼낸다거나 지켜줄 수도 있게 되었다. 예민한 동시에 센스가 있었기에 가능한 일이다.

나는 이것을 내 쓸모로 본다. 적어도 지금은.

센스란 예민한 감각에서 온다. 그래, 나는 예민한 사람이고 그렇기에 센스있는 사람이다. 예민한 것이 단점이 될 수도 있지만 장점이 될 수도 있다. 무조건 나쁜 것도 없고 좋은 것도 없다. 단점이라 여겼던 것이 장점이 될 수 있듯, 내가 생각했던 것들이 사실은 그 반대일지도 모른다. 나의 쓸모를 찾지 못했다고 했지만 이미 적절히 그 쓰임새를 증명하며 살아가고 있는지도 모를 일이다.

🌙

어쩌면 나의 쓸모는 타인을 돕고 싶은 마음에서 나오는 것 같다. 도움이 필요할 때 힘을 보탤 수 있다면 그것으로 보람을 느낀다. 큰 도움이 아니더라도 누군가의 마음에 가닿을 수 있다면 그것으로 나의 역할을 해낸 것 같다. 그때, 적어도 스스로 쓸모 있는 사람이라 느껴진다.

아직도 내 쓸모를 자세히는 모른다. 앞으로도 그건 잘 모를 것 같다. 그래도 계속해서 예민하게 움직이면 내 역할을 찾을 수 있지 않을까? 누군가는 도움을 받게 되지 않을까? 그는 나로 인해 조금 더 나은 시간을 보낼 수 있지 않을까? 앞으로도 예민한 감각으로 그들을 살피고 싶다.

DATE
24년 1월 28일

# 머무는 대로

머무르면 머무는 대로, 떠나가면 떠나가는 대로.
그 무엇도 잡거나 밀어내지 않은 채로.
그저 이 자리에서 나는 내 것을 끌어안고
다시 오늘을 지나 내일로 가는 것이다.

복잡할 것 없는 이 간단한 일이 잠시 다시 버거워졌지만
그래도 오늘 하루 무사히 흘러 내일을 향할 채비를 한다.

DATE
25년 4월 4일

## 떡볶이

오늘은 정말 맛있는 떡볶이를 먹었다. 사실 어제도 먹었지만, 떡볶이는 매일 먹어도 질리지 않는다. 역시 맛있다.

몇 년 전부터 맛있는 떡볶이집이 있다는 사실을 전해 들어 알고 있었는데 여태 방문하지 못하다가 오늘 마침내 들러 포장을 해와서 먹었다. 또 고백하자면, 어제도 방문했으나 줄이 너무 길어 포기하고 다른 떡볶이 집에 가서 먹었다.

오늘 떡볶이 맛은 그토록 찾아다니던 바로 그 맛이었다. 어릴 적 학원에 다닐 때, 1층 떡볶이집에서 300원, 500원 하던 바로 그 떡볶이 맛이었다. 시간이 갈수록 그때의 맛과 비슷한 떡볶이를 찾기가 참 어려웠지만, 마침내 찾게 된 것이다.

오늘 팀원들과 함께 먹는데 문득 그런 생각들이 나서 추억에 대해 막 신나서 이야기했더니, 평소와는 다르단다. 무언갈 먹으면서 어릴 적 추억을 신나게 말하는 건 처음 본다며, 같은 떡볶이인데도 참 다르다 했다. 가만 생각해 보니 정말 그렇다.

회사에 다닐 적, 일주일을 떡볶이만 먹은 적도 있다. 스트레스받을 때는 꼭 떡볶이를 먹고는 했다. 그때는 정말 스트레스가 극에 달했었던 모양이다. 월요일에 떡볶이를 시켜 먹고 남은 걸 그다음 날 먹고, 또 새로 시켜 먹고 남은 걸 먹고, 주말이니까 또 먹다 보니 일주일을 먹었다. 그땐, 그렇게 해야만 직성이 풀렸다.

요즘은 같은 떡볶이도 먹을 때 느껴지는 게 그때와는 다르다. 맛있고 다양한 음식을 먹고 싶은 요즘에는 떡볶이도 수많은 음식 중 하나다. 가능하다면 여러 종류의 음식을 도전하고 있어서 떡볶이를 먹는 날이 줄었다. 세상에는 맛 있는 음식이 이렇게 많다는 걸 새삼 느끼는 요즘, 떡볶이는 그중 한 음식이 되었다. 여전히 먹는 즐거움과 행복을 주는 좋아하는 메뉴이기도 하다.

🌙

　같은 떡볶이도 상황에 따라 다르다. 시시각각 변하는 기분과 마음에 따라 느낄 수 있는 감정의 폭도 함께 달라진다. 마음이 편안하면 그만큼 더 많은 걸 느낄 수 있고 마음이 어딘가 불편하다면 즐거움도 많이 느낄 수가 없다.

　그때와는 다른 상황에 놓인 지금, 다른 감정선을 지닌 것 같다. 감정을 느끼는 것조차 힘들어했던 당시에는 음식이라는 게 단순히 생을 지속하기 위한 필수적 요소일 뿐이었다.

　이제는 먹는 행위가 행복을 느끼게 해주는 소중한 삶의 일부로 느껴진다. 그때 누리지 못했던 인간의 기본적인 행복 중 하나를 이제야 제대로 누릴 수 있게 되었다.

　나이가 들어가면서 떡볶이를 잘 못 먹게 된다. 소화가 잘 안되어서 자주 먹게 되면 소화불량에 걸려버린다. 적어도 다음 날까지는 고생하게 되는 게 확정적이다. 그래서 늘 아쉽다. 그럴 수만 있다면 매일 먹고 싶다.

　그러니까 더 소중해진다. 매일 누리지 못하는 이 즐거움이 아쉬운 만큼 먹을 때는 감사하게 된다. 맛있는 걸 먹을 수 있는 지금 이 감사한 행복에 더 집중해 보고 싶다.

DATE
25년 4월 4일

## 유머

　이제는 유머가 없는 삶을 상상하기가 힘들다. 반복되는 일상에서 매일 재미를 찾기 쉽지 않지만, 그럴수록 더 챙겨야 하는 것이 바로 유머다. 웃을 일 없는 대부분의 시간을 보내게 되더라도 조금씩 흘러나오는 유머에 잠깐이라도 웃을 수 있다면 충분하다. 도무지 힘이 나질 않아서 굳은 사람들의 표정에서 미세하게 비치는 미소를 보면 괜히 마음이 놓인다.

　성격이 그리 완만하거나 유순한 편은 아니었지만, 어떤 집단에서든 함께 있는 사람들이 많이 웃었으면 했다. 그래서 어릴 적부터 말장난하는 걸 좋아했다. 보통 들으면 어이없어 실소하거나, 정색하거나, 때로 개그 코드가 잘 맞는 사람이라면 박장대소를 하기도 했다.

반응에 따라 혼자 상처를 받기도 했지만, 대부분은 그들의 미소를 보며 만족했다. 어떻게든 조금은 풀어진 표정을 보는 게 좋았다. 내가 굳은 분위기를 풀어보려 애쓰고 있다는 것을 그들은 잘 이해해 주었다. 그래서 대부분 나의 말장난 이후로는 분위기가 쉽게 부드러워지고는 했다.

나이가 들어서도 별반 다르진 않다. 요즘도 말장난을 즐겨 하는 편인데, 이게 나이가 들다 보니 더 노하우가 생겨서 유머가 늘었다. 아는 것도 어릴 적과 비교해서는 많아졌을뿐더러 관계를 유지하는 것에도 유연해지다 보니 더 상황에 맞게, 타이밍에 맞게 적절히 치고 빠지는 유머를 구사할 수 있게 되었다. 거기에 더해 나서지 않아야 할 때도 잘 알아서 상대의 따가운 눈총을 받지 않을 수 있게 되기도 했다.

요즘은 부자연스러운 유머를 구사하지는 않는다. 사실 왕래하는 관계가 없어서 자리가 없기도 하거니와 딱히 노력하지도 않는다. 예전에는 사람들 속으로 들어가기 위해서 부단히 노력했고 그 과정에서 갈고 닦는 무기가 바로 유머였다. 이제는 적절히 집단에서의 역할을 해내기 위한 하나의 장치로만 잠깐씩 사용하고 있다.

부자연스러운 관계 형성을 위한 다리를 놓는 것이 아니라 이미 잘 놓인 다리를 오가는 사이 즐거울 수 있도록 꽃을 심고 나무를 가꾸어 그들을 더 행복하게 한다.

이처럼 유머란 삶을 살아가는 데 있어 빼놓을 수 없는 것이다. 과거에는 관계를 형성하는 데에 중요한 역할을 했고, 지금은 나를 포함한 모두를 행복하게 만들어준다.

이제는 유머 없이는 잘 살아갈 자신이 없다. 유머를 빼고 말하라고 하면 할 수는 있겠지만 뭔가 김빠진 콜라와 같은 삶일 것만 같다. 나와 타인의 연결, 나아가 나와 나 사이의 연결에는 늘 유머가 있었다.

이 글을 읽는 여러분과의 어떤 다리가 놓이게 된다면 어이없는 나의 말장난 유머를 볼 수 있을지도 모르겠다. 친구가 없어 유머를 구사할 자리가 많이 없는 요즘에는 많은 사람들을 만나 좋은 대화를 많이 나누고 싶다. 유쾌한 유머와 함께. 혹시 모르지 않는가, 이야기 나누다 보면 마음에 맞아 나도 당신과 좋은 친구가 될 수 있을지도.

DATE
25년 4월 18일

# 좋아하는 것을
# 하나씩 마련하는 일

    회사에 다닐 적에는 이것저것 사 모으기를 좋아했다. 돈은 버는데 삶의 낙이 없으니, 무언가 사는 것으로 스트레스를 풀었다.

    특히 집에 관심이 많아서 큼직한 것들을 많이 샀다. 방 하나를 서재로 꾸며보겠다고 예쁜 가구들을 사 모았다. 중고 가구점에 들러 빈티지 원목 책상, 책장, 스툴 같은 것들을 데려와 적절히 배치했다. 그럴싸해 보였지만 여러 이유로 곧 서재는 창고가 되었다. 아직도 후회하는 몇 가지 중 하나로 남아있다.

    예전에는 좋아하는 것을 몰라 한참을 헤매었다. 남들은 다 잘 찾아서 취미생활을 하는데 나만 그렇다 할 관심거리가 없어서 시무룩해했다.

그래서 이것저것 해봤다. 휴직 때 커피를 배워보기도 하고 제빵을 배워보기도 했다. 대학 휴학 때는 공장에서 일 한 돈으로 멀리 유럽 여행을 떠나보기도 하고 두 차례나 자전거 여행을 하기도 했다. (자주 쉰 것 같이 보인다면 맞습니다)

그런데 그것이 취미가 되지는 않았다. 당시 경험은 큰 배움의 시간이었지만 그것이 지금까지 꾸준하게 즐기면서 하는 행위가 되지는 못했다.

뭔가 취미라는 것은 뚜렷하게 좋아하는 것을 하고 있다고 말할 수 있어야 할 것만 같다. 그런 것은 없었다. 그것이 항상 고민이었다.

좋아하는 것을 하나씩 마련하는 일이 중요하다. 그것이 무엇이 되었든 삶의 고통을 잊게 해 줄 어떤 것이든 좋다. 마음에 드는 물품을 수집한다거나 자주 여행을 간다거나 건강을 위해 운동을 하는 것들이 삶을 윤택하게 해주는 데 도움을 준다.

요즘은 산책이 좋다. 돈도 들지 않고 건강도 챙기고 일거양득이라고 볼 수 있다. 낮이든 밤이든 좀 걷고 나면 머리도 상쾌해지면서 몸도 조금 가벼워진다. 특히 마음이 많이 괜찮아지는데 아마 이것이 우울과 불안을 다독이는 데에 큰 도움이 되는 것 같다.

또 스누피 캐릭터를 좋아해서 휴대폰, 노트북, 패드까지 모조리 배경 화면으로 해두었다. 좋아하는 색인 초록색의 배경이다. 꽤 맘에 들어 오래 바꾸지 않았다. 선물 받은 펜도 스누피가 있다. 무려 세 자루나 받았다. 그 어떤 선물보다도 좋았다.

소소하지만 분명 좋아하는 것이 모두에게 있다. 한때는 좋아하는 것이 없어 큰 고민이었다. 그런데 이제는 조금 더 분명히 무엇을 좋아하는지 알겠다. 아직 전부 발견하지는 못했지만 눈치채지 못했을 뿐 뚜렷하게 좋아하는 것이 있었다.

요즘은 하나씩 발견하는 재미가 쏠쏠하다. 그것이 곧 취미가 되었다. 또 어떤 취미를 발견하게 될지 궁금하다. 혹 발견하게 된다면 여러분들에게도 소식 전하겠다. 당신도 찾게 된다면 소식 알려주면 좋겠다.

vol. 06

나를 지키는 태도

오늘 할 일
———————————

살면서 꼭 지키는 규칙 하나쯤 모두 있지 않나. 나는 여전히 꾸준히 지키는 삶의 규칙이 하나 있다. 차를 타고 가다가 길 위에 누운 차가운 생명을 보면 가슴에 손을 얹고 잠시 그의 명복을 빈다. 모르는 사이지만, 그게 예의인 것 같아서, 내가 할 수 있는 게 당장 이것뿐이라는 생각과 함께. 잠깐 죄책감을 덜어주는 역할을 해줄 뿐이지만 말이다.

**DATE**

25년 4월 16일

# 마음에는 사랑이 산다

---

괴롭지만 때로는 나를 거칠게 몰아세워야 하는 순간이 온다. 멈추면 좌초되어 버릴지 모르는 배를 어떻게든 항해해야 하는 때에는 어쩔 도리가 없다. 움직여야 한다. 온 세상이 나를 방해하는 것만 같아도, 반대편으로 끌어내리는 것만 같아도 해내야 하는 때가 있다.

그럴 때 나는 어떻게 할 것인가. 나아갈 것인가, 아니면 두려운 나머지 다시 걸음을 돌려 도망칠 것인가. 선택은 내가 하는 것이다. 이때의 선택이 방향성을 결정하게 된다. 내 인생을 이끌어가는 리더로서, 어떤 방향으로 어떻게 나아갈지 설계해야 한다. 이것이 곧 삶을 대하는 태도가 된다.

꼭 해내고야 말겠다는 굳은 마음으로, 무슨 일이 있어도 사랑하는 사람들을 위해 어떤 어려움이라도 극복하고 말겠다는 마음가짐으로 산다.

어떤 핑계를 대고 미뤄도 결국에는 해내야 하는 일이라면 해내고야 만다. 넘어져도 일어선다. 다른 어떤 이의 말이 아닌 나의 말에 집중하고 나아간다.

과거의 나에게 사랑은 바깥에 존재했다. 내면에는 온통 우울과 불안이 가득했다. 다른 존재를 위한 공간이 없었다. 부정이 가득한 곳에는 빛을 들일 수 없었다. 굳게 닫은 창으로는 상쾌한 공기가 들어올 수 없었다. 여는 법을 잊은 문으로는 그 누구도 노크할 수 없었다.

그런 내게도 이제는 사랑이 내면에 있다. 바깥을 맴돌던 그들이 놀러 와 머문다. 어둡던 곳에는 빛이 환하게 들었다. 부정만이 가득하던 곳에는 긍정이 들어찼다.

열린 창으로 빛이 들고, 신선한 공기가 드나든다. 그들을 위해 나는 이 공간을 잘 가꾸어야 할 의무가 있다. 기꺼이 마음을 내준 그들이 잘 머물다 갔으면 좋겠다.

나만을 위해 살던 내가 이제는 그들을 위해 산다. 그들을 위하는 일이 곧 나를 위하는 것이라는 걸 안다. 마음을 잘 가꾸는 게 그들을 즐겁게 만드는 일이다. 잘 살아야 그들을 위해서도 살 수 있다. 마음의 집에는 내가 없이 그들도 존재하지 않는다.

먼저 내가 살아야 한다. 결국 나로 인해 사랑이 자란다. 창을 열어 환기해야 한다. 내 삶의 주체가 되기 위해서, 내 공간을 책임지는 한 사람으로 그들을 맞아야 한다. 그들이 안전할 수 있도록 집을 가꾸어야 한다.

사랑하는 사람을 지켜야 한다. 그럴 수 있다면 기꺼이 나를 더 거칠게 몰아세울 것이다. 그들을 지키는 일이 곧 나를 지키는 일이 될 테니까.

삶이 언제고 지속될지는 모른다. 어쩌면 오늘이 마지막일 수도 있다. 더 이상 시간이 없다. 무언갈 미루고 핑계 대기에는 하루하루 주어진 시간이 턱없이 부족하다. 온 마음을 나와 그들을 위해 쓰고 싶다.

DATE
25년 3월 8일

# 번호를 지운다

번호를 거의 다 지웠다. 딱히 이유가 있어서는 아니고, 그저 연락하는 사람이 없기 때문이다. 전화 공포증이 있어서 전화는 할 일이 더욱 없을뿐더러, 정말 연락하고 지내는 이가 없는 것도 사실이다. 친구가 없다는 말이 더 맞을 것 같다.

어느 순간 내 곁에는 아무도 남지 않았다. 아니, 누군가 있긴 하지만 그 존재가 '친구'라고 할 수는 없을 것 같다. 직장 동료이자 친구라고 한다면 팀원들을 들 수 있겠지만 그들은 보통 친구의 정의와 다르다. 오히려 지인과 직장 동료 그사이 어디쯤이라고 할 수 있겠다. 그들이 없다면 정말 외톨이였을 거다.

예전에는 결핍을 채우려고 여러 관계를 맺고 살았었다. 과거 한 때 친구가 별로 없는 것이 큰 걱정거리였기 때문에 노력을 많이 했었다.

스무 살 때는 친했던 친구로부터 다른 친구들을 소개받아 잘 먹지도 못하는 술을 진탕 마셔보기도 했다. 그 덕분에 그들과 이십 대를 함께 친구로서 잘 보내기도 했다.

대학에 가서도 친구들과 술을 많이 마셨다. 졸업 시즌에는 소극적인 성격에도 불구하고 스터디 모임의 팀장을 맡기도 했다. 하고 싶어서라기보다 모임원들의 추천으로 자연스럽게 하게 되었다. 그때 그래, 해보자 하고 했지만 지금 생각해 보면 턱없이 부족한 리더였던 것 같다. 자격도 없으면서 팀장이랍시고 여럿 힘들게 했다. 그때 배운 게 참 많긴 하지만 그들에게는 미안하다.

뭐, 회사에서는 어떤가. 어쩌면 인생 최고의 노력을 했다. 연수를 받을 적에는 다시 팀장을 맡아 모두를 아우르려고 했다. 또 부서에 배치받아 본격적인 회사 생활을 하게 되었을 때는 선배들과 동료, 후배들에게 좋은 사람이 되려 했다. 그들 모두와 친구가 되려 했다. 그것은 실로 말도 안 되는 도전이었는데, 결과적으로 당연히 처참히 실패했다.

지금 내 곁에는 아무도 남지 않았다. 스무 살 때 만났던 그 친구들도 이제는 각자의 삶에 집중하고 있다. 대학, 회사 연수, 회사 때 만났던 수많은 사람들도 이제는 연락하고 있지 않다. 한때 함께였던 많은 인연들은 지금은 어떻게 지내는지조차 모른다. 그들의 삶을 먼발치에서 열렬히, 진심으로 응원하고 있다. 직접 전하지는 못하지만.

가만 생각해 보면, 적절한 거리를 유지하는 것이 나의 생존 전략이었다. 어릴 적 동네 친구들부터 직장 동료, 지인들까지 내게는 그저 변수의 연속이었다. 변수가 발생하면 불안하고 당황을 많이 하니까 그들과 일정 거리를 유지하는 것이 편했다. 물리적인 거리가 가까울지라도 마음의 거리가 항상 멀었다.

한때는 친구를 만나도 어딘가 거리가 느껴져서 깊은 관계가 되지 못하는 것을 내 문제로 여겼다. 어딘가 성격이 문제가 있다거나 소심해서, 이기적이어서, 성격이 모나서, 외모가 못 나서와 같이 여러 이유를 대서 친한 친구가 없는 것에 대한 원인을 찾으려 했다. 늘 외로운 것이 친구가 없기 때문이라고 생각했다.

그러나 이제는 조금 알 것 같다. 외로웠던 이유는 생존 전략 때문이었다는 것을, 그럴 수밖에 없도록 설계된 인간이라는 것을 말이다. 나를 지키기 위한 가장 쉬운 방법이자 어려운 방법이 바로 관계에서 일정 거리를 유지하는 거였다. 그저 마음을 많이 쓰지 않으면 되어서 쉬운 동시에 그것에는 어떤 정답이 존재하지 않아서 어려웠다. 명확한 지침이 없어서 때로는 다쳤고 때로는 안전했다.

그래서 늘 외로웠고 고독했다. 동시에 늘 안전했고 덜 다쳤다. 그런데 그게 지금까지 잘 살아가는 이유였던 거다.

지금도 여전히 고독하고 쓸쓸하게 느껴지기도 한다. 친구가 없다는 사실이 가끔은 이해가 되지 않기도 한다. 그런데도 여전히 친구를 만드는 것이 부담스럽다. 내 몸과 마음 하나 건사하기도 힘든데, 누군가의 세계를 받아들이고 감당할 수 있을지 아직 확신이 없다. 아직은 다른 세계의 이야기를 온전히 받아들일 수 없을 것 같다. 그만큼 불안하고 약하다는 뜻일 것이다.

언젠가 살아가다 보면 다시 누군가의 세계가 궁금해질 때가 올 것 같다. 내가 발붙이고 살고 있는 이 땅을 충분히 밟아보고 이해를 하고서 다른 땅 위 어떤 이의 삶을 바라볼 수 있다면 좋겠다. 물론 어떤 관계를 맺을 때 완벽한 순간이 있을 수는 없다는 것도 안다. 그러나 아직은 아닌 것 같다. 준비가 되면 나의 것을 챙겨서 다른 세계로 여행을 떠나보고 싶다. 그들과도 이야기를 나눠보고 싶다. 그들의 세계를 탐험하고 싶다.

DATE
25년 2월 28일

# 예의없을 용기

예의는 절대적으로 차려야 하는 것으로 생각했다. 어떤 자리에서든, 누구에게라도 흐트러지는 모습 없이 반듯하면서도 정직한 태도를 유지하는 것이 미덕이라 여겨왔다. 나름 정해놓은 나만의 세계의 규율을 벗어나는 순간 질서가 무너져버릴 것만 같은 두려움이 있었다.

그러나 이제는 자주 예의 없을 용기를 갖는다. 때때로 예의를 차리지 않는다는 거다. 예의를 갖춰야 할 때에는 최선을 다해 도리를 다하지만, 또 그렇지 않아야 할 때에는 그러지 않는다.

가령 나에게 무례하게 구는 사람 앞에서는 한없이 정 없는 사람이 된다. 상대가 나에게 보여주는 존중만큼만 그를 존중한다. 굳이 쓰지 않아도 되는 신경을 그에게서 거둔다. 구태여 마음을 써 상처받고 씻을 수 없는 오점을 남기고 싶지 않기 때문이다. 그가 하는 만큼의 친절만 베풀면 되는 것이다.

반대로, 나에게 진심이 담긴 존중을 담아 예의를 갖추는 사람에게는 한없이 친절한 사람이 된다. 그의 말을 경청하며 최선을 다해 그를 살핀다. 혹여나 상처를 줄까 조심히, 섬세하게 다가간다. 그에게 나는 '착한 사람'으로 비칠지도 모르겠다. 그가 보여주는 친절, 그에 대한 보답에 마음을 쓰는 것인데 말이다.

회사에 다닐 적, 나는 모두에게 친절한 사람이었다. 그게 병을 키웠다. 그러지 않아도 되는 순간, 그러지 말았어야 하는 순간조차 친절을 고집했다. 대부분의 사람이 내게 친절했으나 다른 부서의 직원이나 거래처의 사람들은 그렇지 않았다. 이따금 불친절했고 무서웠고 무례했다.

그때는 조금 모질어도 되었는데, 그들이 하는 만큼만 했으면 됐는데 그러질 못했다. 여전히 그 기억들이 괴롭다. 아주 선명해서 아직도 생각하면 치가 떨리고 분노의 마음이 차오른다.

그런 실수를 다시 반복하고 싶지 않아서 이제는 상대가 하는 만큼만 한다. 상대가 나를 대하는 태도나 자세를 살피고 그에게 필요 이상 마음을 쓰지 않으려고 한다.

나를 지키기 위해서는 그래야 했다. 이 방법이 정답이라고 할 수 없다. 누군가는 이 방식이 틀렸다고도 할 수 있을 것이다. 모두에게 친절히 대하는 것이 때로는 더 긍정적인 효과를 불러일으키기도 할 것이다. 그와 반대로, 모두에게 친절했다가 오히려 부정적인 방향으로 흘러갈 수도 있다는 것도 안다.

그러나, 더는 내게 친절하지 않은 사람에게 까게 할애할 시간도 없고 에너지도 없다. 마음을 괴롭게 만드는 것들에 신경 쓸 만큼 나는 좋은 사람도 아니고 다정한 사람도 아니다. 더는 봐줄 생각이 없다. 나를 망치는 것들은 철저히 삶의 영역에 두지 않으려 애쓸 것이다.

지금의 나를 아껴주는 존재들, 그리고 내가 아끼는 사람들, 그들 대부분은 나에게 먼저 존중과 친절, 그리고 다정함을 알려준 이들이다. 그들과 잘 지낼 시간도 부족한 하루가 나에게는 너무나도 소중하다. 그들과 어떻게 하면 더 잘 지낼지 더 고민해야 한다. 오늘 곁의 내 사람에게 더 친절해지고 싶다.

DATE
25년 4월 8일

# 삶을 단순하게 사는 방법

몇 가지 삶의 방식을 정하고 그것에 익숙해지면 삶이 꽤 단순해진다. 처음엔 어려운데, 몸에 익으면 괜찮다. 분명 나에게 안성맞춤인 방법을 찾았을 테니 곧 편해진다. 발견하는 과정은 고통스럽지만 한 번 습득하면 이내 쉽게 배운다.

자주 상기하는 몇 가지 삶의 태도가 있다.

먼저, 예상하지 못 한 일이 벌어져도 침착하려고 한다. 당연히 당황하지만, 말로는 "괜찮아, 할 수 있어" "어떻게 하면 될까?" "분명 방법이 있을 텐데" 한다. 그러고는 머릿속으로 여러 가지 방법을 떠올린다. 이 상황을 타개할 최선의 방안을 모색한다. 수많은 시뮬레이션으로 선별해 낸 것을 직접 해본다. 그럼, 그게 돌파구가 될 때가 있다. 막막했던 일이 의외로 쉽게 해결되기도 한다. 때로는 잘 안되기도 한다. 그럴 땐 또 다른 방법을 찾아본다.

당연히 이 과정이 쉽게 되지 않는다. 변수투성이인 세상에서 이 방법이 잘 통할 리가 없다. 그렇다고 해서 넋 놓고 있다거나 부정적인 말들을 내뱉고만 있다면 그 일을 해결할 의지가 없다는 것이다. 내 일은 내가 책임져야 한다. 어떻게든 이 일을 해결하고 나아가야 하니까 어쩔 수가 없다.

또 인정을 잘 한다. 나에 대한 것은 물론이고 타인에 대해서도 그렇다. 어떤 일이든 그냥 있는 그대로 보려고 한다. 그렇다면 그런 것이다. 내가 힘들다고 느끼면 그건 힘든 거다. 타인이 힘들다고 해도 그건 힘든 거다. 내가 맞다고 생각하는 건 맞는 거고 타인이 맞다고 하는 것도 맞는 거다. 틀린 것이 아니라 다른 것뿐이니까.

또 내가 잘 못 한 건 잘못한 거다. 상대가 잘못한 것도 잘못한 것도맞다. 반대로 잘한 것도 잘한 거다. 우울하고 불안한 것도, 슬프고 즐거운 것도 맞다. 그건 그 순간 나와 상대가 느낀

감정이니까. 그러니까 그냥 받아들인다. 그렇다는데 그런 거지 뭐.

 이런 태도들은 삶을 꽤 단순하게 했다. 예기치 못한 변수에 잘 대응할 수 있게 해주었으며 불필요한 오해를 줄이고 더 생산적인 대화를 나누게 해주었다. 자책을 줄여 에너지 소모가 덜 해졌다. 말 너머의 의미를 해석하지 않아도 됐다. 그러니까 마음을 덜 썼다. 상대를 예측하지 않아도 괜찮았다. 그저 상대를 믿게 됐다. 맞는 건 맞고, 아니라면 아닌 거로 생각하면 되니까.
 이런 마음 덕에 상대도 편하게 나를 대했다. 있는 그대로 나를 봐주는 사람에게, 있는 그대로의 나를 내비쳤다. 꾸미느라 쓰던 에너지를 온전히 관계에 집중하는 데 썼다. 속고 속이고 부수는 것이 아니라 속이지 않고 부수지 않고도 잘 지낼 수 있게 되었다. 마음이 놓이게 되었다.

 마음이 괴로울 적에는 가장 먼저 자신을 괴롭혔다. 헤아려도 보고, 단호하게 해보기도 하고, 때로는 다그치면서 마음에 상처를 냈다. 모든 원인을 내게서 찾으니, 없던 이유도 만들어냈다. 스스로를 믿지 못하니 상대도 당연히 믿을 수가 없었다. 나와 잘 지내지 못하니까 누구와도 잘 지낼 수가 없었다. 늘 긴장 상태로 지냈다. 타인의 눈치를 살피느라 정작 흐려져 가는 나의 눈빛은 살피지를 못했다. 가장 중요한 나를 잃어갔다. 괴로움은 괴로움을 낳았다.

꽤 단순해진 지금은 마음 다치는 일이 많지는 않다. 세상에서 벌어지는 다양한 일로부터 발생하는 상처는 어쩔 수 없지만, 적어도 나 스스로는 공격하지 않으니까 안전하다고 느낀다. 안전지대가 더 넓어졌다. 집을 벗어나도 괜찮다. 마음 졸이는 일투성이인 바깥에서도 충분히 살아갈 수 있겠다는 믿음이 생겼다.

삶을 단순화하는 일은 곧 잘 살아가는 방법을 찾는 일이었다. 나를 밟고 서지 않아도 바깥을 볼 수 있는 창이 마음에 생긴 것 같다. 꼭꼭 숨어 해를 보는 게 두려웠던 그때에도 조금 더 높은 곳에 창이 있었는데 그걸 몰랐다. 해를 들이고 환기를 자주 하는 요즘의 마음은 삶을 더욱 간편하게 살게 도와준다. 단순화된 삶을 즐길 여유를 갖게 해준다.

가끔 찾아오는 복잡한 일도 즐기려고 한다. 얼마나 배우게 될지 기대된다. 이 모든 과정이 잘 살기 위한 훈련이라고 생각하면 뭐든 배우게 된다. 복잡해 보이는 일도 곧 단순해질 것이다. 정해놓은 몇 가지 방식으로 또 해보면 되니까, 그러다 보면 곧 익숙해질 것이다. 복잡한 세상일수록 단순하게 살아야겠다.

(보고서)

나는 꾸준히 배우는 사람이다.
그러므로 다시 나아갈 수 있다.

| 날씨 | 맑음 | 감정 | 긴장, 편안 |

**키워드** 사랑, 인생, 다정, 흘러감

**수면** 아주 늦게까지 잠에 들지 못 해서 피곤하다

**음악** 윤종신 - Destiny
(그의 예술에 대한 생각을 엿볼 수 있어서 좋았다.)

**영상** '귀하신 몸', 골라둔 다큐 '이제야 방법을 찾았다.' -혈당 관리 영상

### 오늘의 좋음

오늘도 편안하게 잘 보냈다.
오랜만에 팀 완전체가 모여 일을 함께할 수 있었다.
한 주간의 성과를 공유하며 서로 독려하고 또 나아갈 길을 모색했다.

### 오늘의 나쁨

배고픔을 참지 못 하고 짜파게티를 먹었다.

매일 하는 기록은 내가 살아가고 있음을 증명한다. 특출나게 잘하는 거 없는 내가 유일하게 자신 있게 할 수 있는 게 바로 기록이다. 무언가 해내야 한다는 압박 없이 그저 하루를 쓰면 된다. 스친 생각이나 느낌, 다양한 감각들에 대해 풀어내다 보면 어느새 노트의 대부분을 채운다.

할 수 있는 만큼만 하자고 늘 다짐한다. 하루에 사용할 수 있는 에너지가 한정되어 있기에 많은 것을 한꺼번에 하려고 하면 쉽게 지친다. 최근에 이사를 준비하면서 다시 마음이 동요했다. 금방 지쳐서 다른 일에 집중할 수가 없었다. 그럴수록 천천히 해보자고 다짐했다.

본질에 대해 생각해 봤다. 나는 이 일을 왜 하는가. 재미있다는 이유로 지속하기에는 벌이가 턱없이 부족해 삶을 유지하는 것이 쉽지가 않다. 그럼에도 나는 이 일이 좋다. 좋아하는 일이 뭔지 알면서 외면하기에는 시간이 아깝다는 생각이 든다. 한 번뿐인 삶에서 지나가면 다시는 돌아오지 않을 이 삼십 대에 좋아하는 일을 할 수 있다는 것만으로도 큰 행복을 느낀다.

이전에는 남들과 다른 길을 가는 것이 두려웠다. 누군가 세워놓은 기준에 나를 맞추려고 했다. 이탈하면 실패한 인생처럼 느껴졌다. 별 탈 없이 사는 것이 꿈이라 여겼다.

그러나 이제는 그러지 않아도 괜찮다. 모두 각자의 행복을 추구하는 것이기 때문이다. 타인의 기준이 아닌 나의 기준에서 행복을 찾아야 한다. 돈을 많이 벌지 못해도 그것이 주는 행복의 가치가 크다면 인생을 투자할 가치가 있다. 돈이 내게 주는 행복감보다 좋아하는 일을 할 때 느끼는 만족감이 더 크다.

●

안 넘어지는 것에 신경 쓰기보다는 넘어져도 다시 일어나는 법을 익혀야겠다. 무너지면 자책하기에 바빴다. 안 쓰러지려고 악을 쓰다 보니 쉽게 지쳐서 정작 중요한 일에 쓸 에너지가 없었다. 그렇다고 안 넘어질 수는 없었다. 아무리 조심해도 일은 생겼고 다시 일어나기까지 긴 시간이 걸렸다. 넘어지면 다시 일어나는 방법을 잘 몰랐다. 그저 주저앉아 울기를 반복했다.

언제든 무너질 수 있으니까 다시 툭툭 털고 다시 일어날 수 있도록 방법을 찾아야 한다. 나는 꾸준히 배우는 사람이다. 그러므로 다시 나아갈 수 있다. 넘어져도 다시 일어나 나아갈 수 있다.

# 3

불면
우울이 말 걸어올 때

불안, 우울, 괴로움, 부정적인 생각, 방황

조급함, 미안함, 복잡함, 멘붕

무력감, 게으름, 느림, 소란한 생각

마음의 먼지들, 자기 암시, 주문, 위로

vol. 07

# 마음의 먼지

## 오늘 할 일

무엇이든 다 때가 있다고 믿는다. 과거의 내가 했던 모든 실수도 그때였기에 할 수 있었고 지금의 내가 할 수 있는 생각들도 현재에 나이기에 할 수 있는 생각이다. 남루하지만 살면서 꾸려 온 경험을 토대로 바라보고 듣고 느낄 수밖에 없는 것이다. 그렇기에 더 탐구하고 싶다. 나를 포함한 주변의 모든 것들을 자세히 살피고 이해하고 싶다. 비록 현재의 내가 가진 그릇이 보잘것없다고 하더라도 이것저것 다양한 것으로 채워보고 싶다. 그러다 또 때가 되어 내게 어울리는 것들을 찾고 또 나누면서 차분하게 살아가면 좋겠다.

**DATE**
25년 4월 30일

## 얼른 내일이 왔으면

    때때로 불안했고 별안간 괜찮았다. 그리 노여울 것도 없고 대단히 달뜨지도 않는다. 알고 보니 유별난 사람도 아니었고 그렇다고 아주 별로인 사람도 아니었다. 뭐가 그렇게 불행했을까. 이제 와 생각해 보니 모든 일이 다 그저 지나 온 풍경이다. 모든 장면은 차곡차곡 쌓여 경험이라는 책장에 놓여있다. 필요할 때에 적절한 장면을 꺼내어 들춰보며 최선의 선택을 해나갈 뿐이다. 훗날 뒤적여 볼 오늘의 불안과 평안, 분노와 환희, 부끄러움과 자랑스러움을 장면에 남기며 다시 내일로 가기 위해 잠을 청해본다. 얼른 내일이 왔으면.

DATE
25년 3월 20일

# 일단 잘 먹고 잘 자야 한다

알람을 맞추고 자긴 했지만, 언제 껐는지 모르게 더 많이 자 버렸다. 그런데 오히려 잘 되었다. 일단 푹 자고 나니 잠들기 전 머릿속 여러 생각들이 그냥 꿈처럼 휘발되었다. 다시 새로운 하루, 오늘은 또 어떻게 살아야 할지에 대한 고민이 먼저였다.

오늘은 처리해야 할 일들이 여럿 있었는데 그중 하나가 곧 다가올 어머니의 생신 준비다. 뭐 엄청난 준비를 하는 것은 아니지만 대구에서 경기도로 먼 길을 오시는 만큼 챙겨야 할 것이 꽤 있었다. 케이크나 꽃을 포함한 주무실 잠자리, 계시는 동안 드실 음식, 식당 예약 등 생각보다 신경 써야 하는 부분이 많았다.

차근차근히 할 일들을 했다. 사실 이런 일들은 막상 하면 그리 어려운 일이 아니지만 계획하고 알아보고 일정을 잡는 등의 일들이 오히려 금방 지친다. 그런 일들은 미리 처리해 두었기에 다행이었다.

저녁에는 새로 생긴 식당에 가서 식사를 했다. 하루 종일 제대로 먹거나 마시지를 못했던 터라 맛있게 먹었다. 먹고 나니 많은 걱정과 고민이 잠시 사라지는 듯했다. 역시 먹을 게 좀 들어가니 머리가 좀 돌아가는 기분이었다. 역시 먹어야 산다.

뭐가 어찌 되었든 일단 잘 먹고 잘 자야 한다. 몸과 마음이 지칠 때는 기본적인 생존을 위한 것들부터 다시 점검하고 챙겨야 한다. 기반 시설이 무너지면 전체가 무너지듯 몸도 마찬가지다. 살아가기 위한 기초적인 것들이 무너지면 그 이상의 가치 있는 일을 하기가 힘들어진다.

마음이 힘들어 아무것도 하기가 어려울 때, 딱 한 가지 신경 썼던 것이 바로 잘 먹기였다. 하루에 꼭 맛있는 거 한 끼는 먹자는 게 하루의 큰 목표였다. 살아남으려면 일단 먹어야 했다.

마음이 힘들어지면 기본적인 게 귀찮아지기 마련이다. 그중에서도 특히 먹는 건 너무 힘들다. 무얼 먹어야 할지 고민하는 것도 쉽지가 않다. 뭔가 해 먹는 건 당연하고, 겨우 시켜 먹을 수 있다면 다행이다. 그럴수록 더 잘 챙겨 먹어야 한다. 일단 먹자. 그러고 나서 생각하자!

DATE
25년 3월 25일

# 돈은 똥이다

잠 못 드는 밤, 내일로 향하는 게 참 어려울 때가 있다. 오늘을 잘 접어 보내주고 싶은데 꼭 자려고 하면 오늘이 다시 나를 붙잡는다. 이렇게 하고 잠이 오냐며 바짓가랑이 붙들고 놔주질 않는다. 피곤해 죽겠는데 도통 잠을 잘 수가 없다.

요즘은 대체로 돈에 대한 걱정이 많다. 전업 작가로 활동하겠다 선언한 이후로 줄곧 제대로 돈을 벌고 있다고 할 수 없는 지경이다. 다행스럽게도 회사에 다닐 때 많이 쓰지 않고(쓸 줄도 몰랐고) 모아 둔 돈이 있어 아직 입에 풀칠은 하며 살고 있다.

그러나 궁극적으로 먹고 살 걱정이 해결되지는 않았기에 어떻게 돈 벌어 먹고 살 것인지에 대한 불안이 항상 곁에 있다.

'돈은 똥이다. 쌓이면 악취를 풍기지만 뿌리면 거름이 된다.'

우연히 영상을 보다가 기억에 나 메모해두었다. 꼬부랑 할머니라 불리는 이인옥 할머니의 이야기. 일평생 베풀며 살아 온 할머니는 돈을 돈처럼 쓰시지를 않으셨다. 자신보다 남에게 마음을 전하는 데 쓰셨다. 그의 이야기를 보며 많은 생각이 들었다. 돈이 대체 뭘까?

예전에는 돈은 중요하지 않다고 주변에 말하고 다녔다. 그럴 때 마다 지인들은 그냥 들어주었지만, 지금 생각해보면 그들에게는 참 우스워보였을 수도 있겠다.

그렇지만 진심이었다. 진정한 행복을 바라며 돈은 그리 중요하지 않다고 생각했다. 정말이다. 돈보다 중요한 것에 집중하며 삶의 의미를 찾고 싶었다. 도무지 벗어날 수 없는 이 지옥같은 회사 생활에서 찾을 수 없는 그 '행복'이라는 녀석을 찾아내고야 말겠다 생각했다. 그 때는 회사에서 돈을 주니까, 생각보다 더 많이 주니까 그런 생각을 했던 건 아닐까 싶다.

그런데 지금은 상황이 많이 달라졌다. 돈이 중요하다고 생각한다. 굉장히 많은 돈이 필요한 것은 아니지만 적어도 월세, 통신비, 식비, 생활비 정도는 벌어야 하니까. 당장 없으면 쫓겨나게 될 신세인 지금은 돈이 중요하지 않으면 무엇이 중요할까 싶다.

곧 재정 위기를 맞게 될 것 같다. 모아 둔 돈도 이제는 바닥을 보이고 있다. 아마 조만간 쓰는 일 외에 일자리를 찾아 나서야 할 지도 모르겠다. 좋아하는 일도 돈이 있어야 할 수 있다는 것을 실감하고 있는 요즘이다.

돈은 살아가게 하는 동시에 살지 못 하게 한다. 있으면 가진 것을 잃을까 두렵고 없으면 어떻게 살아가야하나 막막해진다. 살고 있음은 같지만 마음 속에는 늘 불안이 가득하다. 행복하게 살고 싶은데 돈은 행복을 바라보는 시야를 흐리게 만든다. 당장의 눈 앞에 있는 현실을 직시하게 만든다.

쓰는 일은 시간이 필요한데 기다려 주지를 않는다. 쓰는 일을 지속할 수 있는 돈이 있다면 좋겠다고 생각한다. 반대로 없으니까 더 쓰게 되는 건 아닐까 생각하기도 한다. 오늘도 돈 생각에 잠들기가 어렵다. 한 때는 중요하지 않다 여겼는데 이제는 없어서 밤잠을 설치게 하는 돈, 사람을 지치게 만든다.

DATE
25년 3월 5일

# 애쓰지 않아도 괜찮은 것들

오후에 마신 커피 때문일까, 아침까지 잠에 들지 못했다. 다시 공황이 찾아온 듯 숨이 턱 막히고 정신이 없었다. 오랜만이다. 어쩌지 못하는 불안이 이토록 엄습해 올 때면 무력감이 든다.

침대에 누워 잠에 들지 못하는 시간 동안 눈을 꼭 감고 잠에 들기를 바라지만 피어오르는 여러 생각을 쉽게 지울 수가 없다. 차라리 무언가를 열중하느라 잠을 자지 못했다면 차라리 나았을지도 모르겠다.

그래도 다행인 건 지금 쓰고 있는 책에 대한 생각을 많이 하게 되었다는 것이다. 역시 새로운 생각은 새벽에 잘 떠오르는 건가.

두 번째 책을 낸 이후 1년 이상 글을 쓰지 못했다. 떠오르는 생각들을 짧게나마 기록을 해오기는 했지만, 제대로 된 글을 써내지는 못했다. 일기나 짧은 키워드 형태의 기록만을 했을 뿐이었다. 이제 다시 책을 만들 수 있을까 겁이 났다. 쓰기로 다짐해 놓고는 쓰지 않았다니 부끄러웠다.

그동안 글 이외의 것에 많은 애를 썼다. 먹고 사는 일이 걱정돼 온전히 마음을 풀어내지 못했다. 집중이 잘되지 않았다. 당장의 현실이 버거웠다. 당장 큰 경제적 이득을 볼 수 없는 글쓰기를 잠깐 놓게 된 것이다. 어떤 상황에서도 써야 하는데 그러질 못했다.

그런데 나는 써야 하는 사람이다. 쓰지 않고는 온전히 정신을 붙들고 있기가 어렵다. 생각해 보면 살기 위해 어떤 형태로든 기록을 하고 있었다. 평소 떠도는 생각이 너무 많아 정리를 하지 못했을 뿐이었다. 단지 누군가를 위한 글을 쓰지 않았을 뿐. 나를 위한 기록을 멈추지는 않았다.

애쓰지 않아도 괜찮은 것들이 있다. 지금 걱정해서 당장 해결되지 않는 많은 문제가 그렇다. 대부분이 실제론 일어나지 않는다고 한다. 나머지의 것들도 대비할 수 있거나 일어나도 어쩔 수 없는 일이라고 한다.

결국 일어날 일은 일어나게 되고 걱정한다고 해서 그 일이 없는 일이 되는 것도 아니니 그 시간에 차라리 잠을 많이 잔다면 더 내게 이득이 될 것이다.

이제 그만 걱정하고 싶다. 과감하게 신경 쓰지 않고 글을 쓰는데 에너지를 집중할 수 있으면 좋겠다. 정말 하고 싶은 일, 즐거운 일에 힘을 들이고 싶다. 해야만 하는 일인 글쓰기를 온전한 정신으로 할 수 있다면 좋겠다.

그러기 위해서는 잘 비워내야 한다. 나를 애쓰게 하는 것들로부터 해방되어야 한다. 복잡한 머리를 비우기란 쉬운 일이 아니지만 그럴수록 꾸준히 노력해야 한다. 어쩌지 못하는 일에 마음과 정신을 빼앗기지 않도록 집중하면 변화를 끌어낼 수 있는 일에 몰두해야 한다.

적어도 지금은 노력하면 해낼 수 있는 유일한 행위가 글쓰기다. 미래에는 어떻게 될지 아무도 모른다. 지금 내가 할 수 있는 일에 집중하자. 꾸준히, 성실히 쓴다면 나의 글이 누군가에게 닿는다.

**DATE**
25년 3월 5일

# 오늘이 생의 마지막 날이라면?

**나는 어떤 선택을 하게 될까.
늘 하는 진부한 생각일지라도 매일 곱씹는다.**

오늘이 마지막 날이라고 생각하고 살아간다. 설령 그것이 극단적인 방법이 될지라도 그래야 오늘을 충실히 살아갈 수가 있다. 무언가를 열심히 해야 한다기보다, 이 순간의 감각에 집중해본다.

내일은 없다. 오늘 먹지 못한 것을 내일 먹지 못할 수도 있다. 오늘 만나지 못한 사람은 내일 만나지 못할지도 모른다. 오늘 하고 싶었던 말을 내일 할 수 없을 수도 있다. 오늘 봐야지 했던 영화도, 오늘 해야지 했던 일도, 오늘 가야지 했던 장소도 내일은 오늘과는 다른 상황에 놓여 못 보고, 못 하고, 못 갈 수도 있다.

그래서 대체로 오늘 떠오른 생각을 바로 정리한다. 그것을 곧바로 행하지 못하더라도 당시의 감각을 기록한다. 여유가 없다면 짧은 문장의 형태로, 여유가 있다면 긴 호흡의 글로 정리한다.

때로는 키워드, 단어의 형태로 남기기도 한다. 직접 노트에 적기도 하고, 정신이 없다면 휴대폰 메신저나 메모장에 남기기도 한다. 그때의 온전한 감각을 잃지 않기 위해서다.

그제야 오늘을 온전히 보낼 수가 있다. 마지막일지 모를 오늘을 온전히 남기고서야 다시 떠오를 내일의 해를 맞을 준비를 마친다.

그런데 정말 오늘이 마지막 날이라면 어떻게 해야 할까? 불안을 잠재우기 위해 내일의 불안을 오늘 데려오지 않으려 삼았던 삶의 방식이었는데, 정말 마지막이라니 감당해 낼 수 있을까? 늘 새롭게 떠오르던 해를 기다리며 오늘을 잘 보내주었던 매일이었는데, 내일은 해를 볼 수 없다니 과연 그 공포를 견뎌낼 수가 있을까?

두렵다. 무섭고, 도망가고 싶다. 살 수 있는 방법이 있다면 무슨 수를 써서라도 살아남고 싶다. 그것이 설령 어떤 법칙을 깨는 일이라도 내일을 다시 오늘로 만들 수만 있다면 기꺼이 하고 싶다. 종교는 없지만 그 누구라도 기도를 들어주기를 바란다. 삶을 지속할 수 있게 해달라고, 남루한 인생도 괜찮으니까 그저 목숨만 부지할 수 있게 해달라고 간절히 바란다.

    이토록 나약하다. 이제서야 나를 사랑할 수 있게 되었는데, 생의 마지막이라고 하니 비참해진다. 그럴 거면 더 사랑해 줄 걸 그랬다. 남의 눈치를 덜 보고 살아야 했다. 과감히 도전하고 실패해야 했다. 열렬히 사랑하며 상처받고 무너져야 했다. 하고 싶은 일에 몰입해야 했다. 아버지, 어머니, 누나에게 사랑한다고 해야 했다. 그들과 함께했던 시간이 행복했었다고 진작 말해야 했다. 스쳐왔던 인연들에 고마움을 전해야 했다. 덕분에 후회 없는 삶이었다는 다소 뻔한 말이라도 해야 했다. 지금 곁의 사람들에게 미안하다고 해야 했다. 더 잘해주지 못한 것에 대해, 더 표현하지 못한 것에 대해, 더 배려하지 못한 것에 대해 사과해야 했다. 더 이상 지켜주지 못하는 것은 안타까워 해야 했다. 지금까지 인생을 통과하면서 만난 모든 사람 덕분에 이번 생이 즐거웠다고 전하고 싶다.

25년 4월 22일 오후 11시 59분.

정말 오늘이 마지막이라고 생각하니 울컥했다. 수많은 장면이 스쳐 지나간다. 잘한 것과 못 한 것, 실수와 아쉬운 일, 슬픈 일, 기쁜 일, 행복, 즐거움, 많은 이들의 웃음과 눈물과 같은 것들이 클라이맥스를 장식했다. 혼자라고 생각했던 인생이었다. 그런데 결코 혼자가 아니었다. 무수히 많은 인연이 나를 지켜주고 있었다. 그들 덕분에 살아있다. 내일의 해를 맞으며 다시 살아갈 수 있게 된다.

25년 4월 23일 오전 12시 02분.

하지 못했던 것은 이미 죽었다. 오늘은 어제가 되었고 내일은 다시 오늘이 되었다. 나는 살아남았다. 없을 것 같았던 내일은 고맙게도 하루의 생을 더 주었다. 어제 그토록 바랐던 오늘을 허투루 보낼 수 없다. 다신 없을지도 모르던 오늘에 댈 핑계는 없다. 새로운 걱정으로 다시 잠을 설치게 되겠지만, 그래도 왜인지 해가 뜰 아침이 기다려진다.

**DATE**
25년 3월 5일

# 그래, 그런 날도 있지

> 조금 지치고 우울했다.
> 그래, 그런 날도 있지.

우울감이 들면 생각한다. 그럴 수도 있다고, 당연히 그런 거라고 별거 아닌 듯 씩 웃어 보이려고 노력한다. 우울은 어쩔 수 없는 영역의 것이기 때문이다.

우울은 초대하지도 않았는데 불쑥 찾아와 온 집안을 헤집고 다닌다. 어지르고 깨고 부수다 보면 어느샌가 집은 기능을 상실한다. 이 녀석은 곧 집주인 행세를 한다. 나는 그걸 어찌하지 못하는 거다.

이제는 우울이 오기 전 금방 눈치를 챘다. 조금 지치는 느낌이 들면서 힘이 빠지고 몸살이 오는 듯한 기분이 들 때가 있는데 대체로 우울이 찾아오기 전이 그렇다.

몸이 아픈 거라면 병원을 가서 치료를 받고 처방을 받으면 되겠지만, 눈에 보이지 않는 우울은 그게 쉽지가 않다. 어떤 조처를 해서 짠하고 나으면 좋으련만 그럴 수가 없다. 그래서 미리 대비를 하기가 어렵다.

마음을 꺼내 보여주면 좋겠다. 그럼, 의사 선생님이 휘리릭 낫게 해준다면 얼마나 좋을까. 설령 잘 설명해 줄 수 있더라도 선생님이 해줄 수 있는 것에는 한계가 있다. 선생님은 내가 아니기 때문에 잘 설명하지 못한다면 완전히 이해할 수는 없기 때문이다.

사실 전문가의 도움을 받는 것조차 두렵고 무서운 마음이 든다. 아프다는 걸 인정하는 것부터 쉽지가 않고 상담이나 병원을 찾는 것조차 굉장한 용기가 필요한 일이다. 당장 살아갈 힘이 없는데 살기 위해 도움을 요청하는 것은 상상 이상으로 에너지가 필요하다.

우울감이 들면 무기력해지면서 힘이 빠지고 멍해진다. 우울이 다 내 탓인 것만 같아서 우울을 고백하면 세상이 무너지는 것만 같은 압박감마저 든다. 그저 집에 틀어박혀 무력하게 이 우울이라는 녀석이 온 집을 헤집어놓는 것을 구경하고 있을 수밖에 없다. 그렇게 마음의 병을 키운다.

조금은 이 과정이 익숙해졌다. 예고 없이 찾아오는 불청객을 어떻게 모시고 대해야 하는지 어느 정도는 알 것 같다. 비결은 바로 그냥 인정해 버리는 것이다.

'그래, 드디어 왔구나'
'이번엔 얼마 동안 있을 예정이니'
'나는 나의 할 일을 해야 하니 넌 여기 있으렴'

불청객이긴 해도 집에 온 손님이니까 일단 맞아준다. 뭔가 노력하지 않아도 괜찮다. 그저 그저 집 안에 모셔두고 할 일을 다시 묵묵히 해내면 된다.

그것이 쉽지만은 않다. 가장 편하던 공간에서 불편한 존재와 함께 지내는 게 당연히 껄끄럽다. 아무래도 감내해야 할 것이 많다. 그렇지만 어쨌든 살아가야 하고 할 일을 해내야 하기에 그대로 둔다.

대신 내 영역을 확실히 한다. 이곳만큼은 침범하지 말라고 선을 긋는다. 절대 넘볼 수 없도록 경고한다. 넌 거기에, 나는 이곳에서 지내면서 각자의 임무를 수행하자고 한다. 나만의 것을 지켜야 한다. 우울에 휘둘리게 되면 생활이 어려워진다. 견고하게 벽을 쌓아 단단하게 만들어야 한다. 우울이 내 전부를 뺏어갈 수 없도록 해야 한다.

이 글을 쓰고 있는 지금도 우울은 문을 두드린다. 뭐 하냐고, 나와보라고 소리치고 있다. 아직은 문단속을 잘하고 있는 편이다. 글을 쓰는 행위가 내 영역을 확고히 하는 데 큰 도움이 된다. 글쓰기는 부정적인 것들이 내 영역으로 절대 넘어올 수 없는 단단한 방어벽을 만들어준다. 그것이 곧 나를 지키는 일이자 나아가 우울에 맞서는 방식이다.

몸살이 올 것 같으면 감기약을 미리 먹는 편이다. 우울이 올 것 같으면 글을 쓴다. 마음이 바스러질 것 같은 느낌이 들면 기록을 남긴다. 설령 우울이 집 안까지와도 괜찮을 만큼 마음을 단단히 먹는다. 글을 통해 우울이 넘볼 수 없는 힘을 다시 내는 것이다.

이 우울은 결국에 내 공간을 차지할지도 모른다. 그래도 괜찮다. 늘 그랬던 것처럼 나는 또 이 우울과 잘 지낼 수 있다. 내 공간을 지킬 힘을 키우다 보면 그 녀석은 슬쩍 자리를 잃고 집을 떠나게 될 것이다. 언제든 오라지.

DATE
25년 3월 24일

# 괜찮은 하루

    오늘은 그럭저럭 괜찮은 하루를 보냈다. 대체로 마음을 뒤흔드는 큰 사건이 없었다는 뜻이다. 소란스럽지 않고 차분하게 정돈된 일상을 보냈다. 먹고 걷고 일하고 다시 먹고 마시고 일을 했다. 이 일상이 얼마나 소중한지 알고 있었지만, 더욱 감사하게 느껴진다.

    조금이라도 마음이 흔들리는 순간에는 일상이 흔들리고, 오늘이 내일에 영향을 미치게 된다. 이는 곧 많은 것이 무너지게 되는 시발점이 되기도 한다. 모든 것이 완벽할 수 없음을 잘 알고 있고 어떤 일도 일어날 수 있다는 것도 잘 알고 있지만, 매 순간 마주하는 변수에 속수무책으로 흔들리고 마는 나약한 존재라 아직도 많은 것이 서툴다.

앞으로도 이 일상을 잘 지켜내고 싶다. 반복되는 괜찮은 하루와 괜찮지 않은 하루를 보내면서 마음을 쥐고 흔드는 수많은 변수에도 굳건히 나만의 것을 지켜나갈 수 있도록 더욱 마음을 키우고 연습해야겠다.

**DATE**
24년 7월 28일

# 불행하고 싶지 않을 뿐인걸

우리 다 행복하고 싶지 않나. 나도 사실은 행복하고 싶어. 근데 그게 쉽지만을 않은 거지. 잘 모르겠다, 행복이 뭔지. 그래도 나는 행복하고 싶다는 마음을 포기하지는 않을래. 그것마저 포기하면 진짜 불행해지는 거잖아. 잡히지 않는 행복을 꼭 손에 쥐고 있지 않더라도 손을 휘저어 붙잡아 보려는 기대, 희망, 소망 같은 것. 그게 필요한 걸지도 모르겠다.

vol. 08

어쩌지 못 하는 감정들

## 오늘 할 일

나의 가치관을 세우되 그것에 매몰되지 않고 유연하게 사고하는 것이 중요하다. 수없이 많은 시행착오가 점철되어 형성된 지금의 나라는 사람은 그냥 만들어진 것이 아니다. 혼내도 보고 타일러도 보고 헤아려도 보고 봐주기도 하고 단호하게 대하기도 했다. 그런 과정을 통해 어느 정도는 나를 이해할 수 있게 되었다. 어느 순간에는 나를 제어 할 수 있기도 했다.

DATE
25년 3월 17일

# 우울

    오후 여섯 시가 넘어서야 겨우 침대에서 벗어났다. 중간에 잠깐 일어나긴 했지만 잠깐 전날 예약해 두었던 빨래를 건조기에 넣고 대충 점심을 먹고는 다시 침대로 들어갔다. 그 이후로 줄곧 이 작고 네모난 공간에서 쉽게 떠날 수가 없었다.

    어떨 때 보면 우울하다는 핑계로 무언갈 계속 미루는 것처럼 느껴지기도 한다. 그런데 또 반대로 생각해 보면 자꾸 미루니까 더 우울해지는 것 같기도 하다. 역시 마음이 가라앉는 동안은 부정적인 생각이 머릿속을 헤집어 놓는다.

우울해 죽겠을 땐 뭐라도 꾸역꾸역 먹어야 좀 낫다. 아예 하루 종일 아무것도 안 먹기도 해봤고, 하루 종일 먹기도 해봤다. 그런데, 차라리 뭐라도 먹는 게 나은 것 같다. 어쨌든 인간이라는 동물로 살아가기 위해서는 음식이 꼭 필요하니까. 몸이 아프면 잘 먹어야 낫는다고 하지 않나. 마음도 다르지 않은 것만 같다.

어찌 되었든 오늘 점심과 저녁 모두 챙겨 먹었다. 대충이라고 해도 뭔가를 꺼내어 입안에 욱여넣었다는 것만 해도 굉장한 일이다. 그 덕에 나는 오늘도 생존했다.

DATE
25년 3월 7일

# 우울2

**우울을 대하는 방어기제이자, 맞서 싸우려는 의지**

정말 요즘, 그러니까 지금 오늘을 살아가는 현재를 남기고 싶어 써보는 글.

대체로 우울한 나날을 지내고 있다. 뭐, 우울에는 다양한 모습이 존재하겠지만 내게는 이 우울이라는 것이 그리 아름답지만은 않다.

그 누가 우울을 긍정적으로 바라볼 수 있겠냐마는, 겉으로 보이는 모습에 영향을 많이 미치는 편이다. 즉, 내가 바라보는 모습이 아름답지 않은 만큼, 다른 이가 바라보는 모습도 그리 반가운 모습은 아니라는 것이다.

보통 우울이 찾아오면 능률이 떨어진다. 이것은 비단 일에 대해서만 이야기하는 것이 아니라 모든 것에 대한 것이다. 생명을 유지하는 일반적인 행위에서 무력해지곤 한다. 배달 음식을 시키는 횟수가 늘고 그것을 먹고 난 후 테이블을 치우고 설거지를 하고 분리수거를 하는 그런 일련의 행위들을 미루게 된다. 또 빨아야 할 옷들이 산더미처럼 불어나고 건조를 마친 옷들도 잘 개어 정리하지 못한다. 또 자고 일어나는 동안 덮었던 이불을 제멋대로 둔다. 이 모든 것이 내게 버거운 일이 되고 만다.

그래, 나는 이것을 곧 내가 게으른 탓이라 여겼다. 나는 속도가 느린 사람이라 당연히 일에 있어서는 남들보다 많이 느린 편이었고, 그것이 이 삶에도 적용되는 탓이라 생각했다.
그러나 그것은 가혹한 생각이었다. 사실은 그게 나를 더 잡아먹고 있었다. 우울했기에 느려지고 바보가 되고 있었다. 그걸 모르고 그저 게으르고 느리다고 탓했다.

요즘의 나는, 그러니까 오늘 나는, 이 모든 것은 그저 흘러가는 시간 속 겪어야 하는 한 가지 사건으로 본다. 어, 무슨 말이냐면, 우울의 시간을 견디고 다시 바깥을 향할 것이라는 확신이 있다는 것이다. 이전 우울의 늪에서는 감히 상상할 수 없었던 그런 믿음이 있다.

나는 반드시 이 어둠에서 벗어나 빛을 보고 말 것이라는 그런 맹목적이고 저돌적인 그런 자기 확신, 그것이 지금의 내가 할 수 있는 최소한의, 아니 최대한의 발버둥이다.

나는 예전처럼 그렇게 약하지 않다. 우울이 시키는 대로 집에만 틀어박혀 쌓여가는 마음의 먼지들을 그저 지켜보고만 있지 않는다. 꼼짝하지 않는 창을 열고 바람을 들인다. 느리지만 천천히 다시 현관문을 열어 바깥을 향한다.

결국 이 모든 것이 이 우울을 다시 극복하려는
나만의 자기 암시, 주문, 응원, 위로...
뭐, 그런 것이다.

DATE
24년 8월 16일

## 불안

철컥. 삐리릭.

도어락 소리가 무섭다. 집을 나설 때와 귀가할 때 늘 듣는 소리지만 아직도 그날의 기억이 선명해서 쉽게 헤어 나오지 못한다.

그러니까 대학 시절, 크고 작은 사건들이 많았지만, 특히 목숨의 위협을 받았던 경험이 있다. 친구와 취업 준비를 위해 학교에서 거의 살다시피 했을 때 함께 방을 구해 자취를 했다. 깔끔

한 친구에 비해 게으르고 지저분한 나는 늘 친구에겐 골칫거리였다. 바쁘다는 핑계로 늘 어질러진 방과 정리되지 않은 짐들이 너저분했던 것을 친구는 힘들어했다. 그래서 매주 주말에는 함께 청소하기로 했다.

 그렇게 첫 대청소를 하고 있었다. 신나게 쓸고 닦는 와중, 띵-동 초인종이 울렸다. 딱히 올 손님은 없어서 택배가 왔나 싶어 친구가 별 거리낌 없이 문을 열었다.

 아래층 사는 사람이라며 설명하는 아저씨는 너무 시끄러워 잠을 잘 수가 없다고 했다. 쿵쿵대고 소리를 질러대서 도저히 견딜 수가 없단다. 아랫집, 옆집 다 가봐도 아니라고 하기에 찾아왔단다.

 틀어놨던 음악 때문인가 보다 하고 조용히 하겠노라고 사과를 하고 돌려보냈다. 그러고는 조용히 청소를 마무리했다.

 다음 주, 어김없이 우리는 청소를 시작했다. 이번에는 아주 조심했다. 노래도 틀지 않았다. 딱히 쿵쿵대지도 않았다. (사실 저번 주도 다르지 않았다. 음악 빼고는) 그런데 역시나 띵-동 초인종이 울렸다. 이번엔 내가 나가겠다며 친구에게 청소하고 있으라고 했다.

 문을 열자 역시 그 아랫집 사람이었다. 누군지 확인한 찰나 갑자기 몸을 밀고 집 안으로 쑤-욱 하고 들어오더니 문을 철컥

닫았다.

그러니까, 현관에 멀뚱히 선 그와 깜짝 놀라 당황한 우리가 대치하고 있는 상황. 문은 이미 닫혔다. 적막만이 가득한 집, 먼저 말을 꺼낸 건 그였다.

욕설로 시작한 그의 말은 끝날 기미가 보이지 않았다. 아니, 오히려 내가 이제 끝이라고 생각이 들었다. 그는 낚시 조끼 안에서 서슬 퍼런 식칼을 빼 들었다. 손잡이가 따로 없는 전체가 은색인 커다란 식칼이었는데 '서슬 퍼런'이라는 말을 그제야 이해하게 되었다.

다리가 후들거리는 것을 겨우 참으면서 왜 그러시냐 물었다. 사실 정신이 없었지만, 뭐라도 해야 할 것 같았다. 돌아본 곳에는 두 손 주먹을 꽉 쥐고 부들거리고 있는 친구를 봤기 때문이다. 곧 무슨 일이라도 터질 것만 같았다. 이러다 다 죽게 생겼다. 끔찍했다.

그는 대화 아닌 대화를 이어갔다. 대체로 푸념이나 넋두리에 가까운 배설 같은 말이었다. 질문과 대답을 섞어가며 그의 파란만장한 삶에 대해 풀어놓았다.

알게 된 사실 몇 가지는 같은 학교 출신이라는 것과 큰 사업을 했지만, 불의의 사고로 인해 큰 빚을 지게 되었고 감당할 수가 없어 감옥을 다녀왔다고 했다. 이혼을 겪었으나 오갈 곳이 없어 지금은 전처와 함께 살고 있다고 했다. 그곳이 바로 우리의 아랫집.

그는 밤을 새우고 (무슨 일을 하는지는 모른다.) 아침에 잠을 자는데 도저히 시끄러워 잠을 잘 수가 없어 지금 이와 같은 짓을 벌이고 있다고 했다. 둘 다 죽이고 자신도 죽으러 왔다며 칼을 자신의 목에 대기도 했다. 그러다 이내 우리 쪽으로 칼을 들이밀기도 했다.

정말 끝이구나 싶었다. 아까운 내 인생 뭐 해보지도 못하고 이렇게 가는구나 싶었다. 이럴 거면 좀 더 놀 걸, 하고 싶은 거나 맘껏 해볼걸, 뭐 하러 공부했나 싶었다. 삶이란 이런 거구나, 내가 어찌하지 못하는 거구나 무력감이 들었다. 억울하기도 했다. 내 명대로 살지 못하는 것이 이토록 원통한 것이라는 걸 느꼈다. 편하게 죽고 싶었는데 고통스럽게 죽게 되겠다는 생각에 슬퍼졌다. 살아갈 수 없다는 생각이 머리를 가득 채웠다.

나도 모르게 그와 대화를 이어갔다. 말이 끊기려고 하면 질문을 했다. 답을 하면 반응을 해줬다. "그러셨군요, 많이 힘드셨겠습니다. 그래도 그러지 마세요. 저희가 잘 못 했습니다. 다음부턴 조용히 할게요. 그러니 칼은 넣어두세요." 무슨 용기가 났는지 그땐 말이 자동으로 나왔다. 금방이라도 주저앉을 만큼 떨렸던 다리를 부여잡고 곧이라도 튀어 나갈 것 같은 친구를 의식하면서 떨리는 목소리로 말을 이어갔다. 이내 그는 흥분을 가라앉혔다.

마침내 그는 칼을 다시 가슴팍에 넣었다. 놀랍게도 그는 웃고 있었다. 그 웃음의 의미는 아직도 이해하지 못한다. 그러나 예측건대 그에게는 꽤 만족스러운 대화였던 것 같다. 그 누구도 자신의 말을 들어주지 않았던 막막함이 조금은 풀어진 느낌이었다. 세상 모두가 적이라고 여겼던 그에게 잠깐이라도 사람과 사람으로 만나 이야기를 나눈 것이다.

뭐, 지금 이해해 보자면 그렇다는 것이다. 그 당시 나는 집주인에게 이와 같은 상황을 말하고 신고하는 대신 보증금을 바로 받는 조건을 제시해서 이사를 했다. 당시 같은 건물에 살고 있던 후배까지 함께 다른 건물로 이사했다. 괜히 시끄러운 일을 만들고 싶지 않았고 무엇보다 이미 학교, 출신, 얼굴까지 다 아는 상황에서 보복을 당할까 두려웠기 때문이었다.

그 이후 그는 몇 차례 더 건물에서 소주병을 깨며 난동을 부리거나 다른 세입자와 소동을 벌여 경찰이 다녀가는 일이 있었다고 들었다. 그 이후는 나도 어떻게 되었는지 모른다.

그 이후 친구가 취업해 혼자 지내게 되었을 때 새벽에 갑자기 일정한 주기로 초인종이 울리는 일이 있었다. 그 일이 있고 얼마 지나지 않았기에 공포에 떨었다. 움직이면 안에 있는 것을 알까 두려워 경찰에 신고조차 못 했다. 그러다 겨우 문자로 신고했고 경찰이 와 확인 결과 아무도 없다고 했다. 고장으로 일단락됐다.

또, 취업을 해 타지역에서 혼자 지낼 때 새벽에 초인종이 불규칙하게 울렸던 적도 있다. 다시 그때의 일이 떠오르면서 무서워 벌벌 떨었다. 도무지 몸이 움직이지를 않았다. 그래도 시간이 많이 흘러 괜찮을 줄 알았는데 전혀 아니었다. 결국에는 또 고장으로 판명되어 교체를 했다. 정말 고장이었는지는 아직도 모르겠지만.

그런 이유로 아직도 초인종에 대한 공포가 있다. 여전히 문을 여닫는 일이 무섭다. 공포를 이겨낼 방법은 다시 그 공포를 마주하는 일이라고 생각했는데 아직도 익숙하지가 않다. 늘 오가야 하는 이 문에서 나는 소리를 도저히 어쩌지 못한다. 매번 마주해야 하는 이 공포가 더 세상을 향하기 어렵게 만든다. 안 그래도 집 밖을 나서는 일이 힘든데 그보다 더한 초인종 소리가 주는 불안이 덮쳐올 때면 문을 경계로 어디에도 머물 수 없는 지경이 되어버린다.

그러나 어쩌겠는가. 이 같은 고통은 모두가 안고 산다. 그 정도와 깊이가 다를 뿐 다양한 형태로 존재하는 나쁜 기억의 조각은 뾰족해서 마음을 자꾸 찌른다. 그럼 또 다른 아픈 기억이 생기고 가슴에 남아 자꾸 괴롭힌다. 자꾸 반복된다.

그러므로 문을 열고 나선다. 어쩔 수 없으니까, 그럼 밖을 나설 방법이 없으니까, 오늘도 문을 열고 나왔다. 문밖의 불안을 정면으로 맞는다. 또 밤이 되면 문을 열어 집으로 들어간다.

문 하나를 두고 치열하게 다투는 불안과 평안이 승패를 사이좋게 가져가는 삶이다. 불안이 문을 열고 들어올 때도, 불안이 들어오지 못하게 평안이 막아서는 때도, 또 평안과 불안이 사이좋게 머무는 때도 있다. 이 세상 유일한 안전지대인 나의 집에는 오늘도 팽팽한 신경전이 계속된다.

DATE
25년 4월 26일

# 불안2

"넌 피부가 왜 그 모양이냐?
병원이라도 가라. 한의원이라도 추천해 줘?"

중학교 2학년 미술 시간, 아직도 생생한 기억은 아직도 나를 괴롭힌다.

수업 중 갑자기 나를 일으켜 세운 선생님은 대뜸 피부를 지적했다. 영문도 모른 채 서서 반 아이들의 눈빛을 견디며 그의 말을 가만 듣고 있었다. 나보다 여드름이 많았던 친구를 앞으로 불러내 다니는 병원이 어디인지 물으며 쟤한테 추천을 해주라고 했다. 역겨운 조롱을 섞어가면서. 그는 이내 얼굴이 붉어졌다. 눈에는 눈물이 고였다. 나 역시 얼굴이 뜨거워졌다. 눈앞이 흐려져 내가 보고 있는 것이 현실인지 믿을 수 없었다. 꿈이었으면 좋겠다고 생각했다.

평소 몽쉘 선생님으로 유명한 미술 선생님은 결국 또다시 몽쉘 한 박스를 사 오라는 말을 끝으로 나에게 자리에 앉는 것을 허락했다. 그의 조롱은 동료 선생님들을 향하고 있었는데 몽쉘을 그들에게 먹여 본인 빼고 모두 살을 찌우겠다는 계획이었다. 나만 날씬해야 한다는 그의 강박은 이토록 지리멸렬하고 잔인한 선택을 하게 했던 걸까. 악마 그 자체였다.

지금 와서 생각해 보면 당시 대응을 제대로 못 했던 것 같다. 그건 아니라고 한다거나 다른 선생님에게 도움을 구해야 했다. 그 자리를 피할 수도 있었을 것이다. 내가 당한 것이 부당하다고 모두에게 알려야 했다. 특히 부모님에게도 말씀드려야 했다.

그런데 그러지 않았다. 그저 내 잘못인 것만 같아 그 누구에게도 알리지 않았다. 더 입을 다물었다. 말 많던 개구쟁이였던 나는 그날 이후로 말을 잃었다. 나를 잃었다.

여전히 그때의 고통이 선명하다. 한창 예민했던 사춘기 소년에게 무자비했던 공격을 받은 그 경험은 마치 반 아이들에게 발가벗은 채로 얻어맞는 기분이었다. 온몸에 난 상처와 멍을 어찌할 도리가 없어 감추고 싶어 집을 숨어들었다.

그때부터였을까, 나는 소극적인 아이가 되었다. 밖에서 친구들과 뛰어놀기를 좋아했던 나는 집에서 머무는 걸 좋아했다. 나서면 누군가 쳐다보는 게 두려워 아예 나가질 않았다. 그럼, 좀 나았으니까. 그럼 적어도 누군가 쳐다보진 않았으니까. 그렇게 나는 자신을 가두었다.

지금도 여전히 피부는 좋지 않다. 아직 그때의 흔적이 선명히 남아있다. 여드름이 나면 보기 싫어서 제거하려 들었는데 그게 다 흉터로 남았다.

그런데 꽤 괜찮다. 이 정도면 최악은 면했다. 정말 힘든 건 그 때 마음에 남은 상처다. 얼굴에 난 흉터는 세월이 지나면 익숙해지겠지만 마음을 찔린 흔적은 여전히 낯설고 아프다.

언젠가 마음의 상처를 메울 수 있을까? 새살이 돋아 괜찮아질까? 그때가 되면 꽤 괜찮은 어른이 될 수 있을까? 그럴듯한 사람이 되어 누군가의 마음에 난 상처를 치료해 줄 수 있을까?

그럼 나도 조금은 후련하려나. 괜한 물음이 많아진다. 당신은 그러지 않았으면 해서, 그만 아팠으면 해서.

버리지 못하면 여생을 함께 할 기억들이 괴롭다. 그래도 다행인 점은 함께 상처를 나눌 사람들이 곁에 있다는 것이다. 그들 덕에 상처는 봉합되어 아물었다. 그들 덕에 얻은 이 자유를 나 또한 많은 이들과 나누고 싶다. 이 책이 잠시라도 당신의 마음에 닿아 상처에 연고를 발라 줄 수 있다면 좋겠다.

DATE
25년 4월 23일

## 자책

    신간 작업에 최선을 다하고 있다. 한동안은 비생산적인 일에 몰두했다. 원래 시험 기간에 노는 게 더 짜릿하지 않나. 의지가 부족한 탓인지 늘 뭔가 중요한 일을 앞두고는 딴짓을 하게된다. 평소라면 하지도 않을 게임을 한다던가 보지도 않던 영상을 보게 된다거나 하는 시간 죽이기를 시작한다.

    그러다 숨이 꼴깍 넘어갈 만큼 도저히 미룰 수 없을 지경이 되면 그때야 못 했던 일을 해낸다. 그것도 아주 효율적이고 냉철하게, 적절히 해야 하는 행동만을 취하면서 빠르게 처리한다.

    결과적으로 보면 그럴듯한 결과에 도달하게 되지만, 실상은 그렇지 않다. 딴짓하느라 부족한 시간 때문에 결과가 만족스럽지가 않다.

 이 일은 평생 반복됐다. 학창 시절부터 현재에 이르기까지 무수히 많은 시험과 같은 과정을 겪어왔는데 늘 같았다. 미룰 수 있는 순간까지 최대한 뒤로 미뤘다가 울면서 결국은 해냈다.
 반복되는 과정이 지겨울 만도 한데 아직도 여전하다. 참, 사람 안 변한다. 부단히 이 패턴을 고쳐보려고 노력했으나 헛수고였다. 지금 와서 보면 의지가 약했다고 할 수 있겠다. 인정하고 싶지 않지만 사실이니까.

 무언갈 하려면 참 오래 걸린다. 마치 배터리가 방전된 전자기기처럼 에너지가 없다. 10분 정도 집중을 하다 금세 또 딴짓이다. 어떤 결과를 도출해야 하는 상황이 오면 더 최선을 다해 다른 길로 샌다. 더군다나 그 결과를 간절히 원할수록 반대로 달린다. 부지런히 목표를 향해도 모자라는데, 최대한 안 하려고 발버둥 친다. 어떻게든 하지 않는 방법을 하는 데에 몰두했다.
 그러다 소중한 시간은 흘러버리고 얼마 안 남은 시간에 남은 에너지를 쏟아내 결국 결과를 얻어낸다. 그 결과 최종 목적지에 도달하면 며칠을 앓아눕는다.

이번 책을 준비하면서 다시 느꼈다. 어떻게 이렇게 똑같을까. 마음을 다해야 하는 일인만큼 더 진심으로 미룬다. 그러다 약속의 시간이 다가오니까 그제야 울면서 해낸다. 어떻게든 해내고 있다. 다행인지 불행인지 모르겠지만, 여전한 삶의 방식을 고수하고 있어서 결국 목적지를 향하고는 있다.

가만 생각해 보면(그만 생각하고 싶지만, 어쩔 수가 없나보다) 전력을 다해 도망치고 있던 순간에도 하고 싶은 일에 대한 생각은 늘 하고 있었다. 잘 해내고 싶으니까 어떻게 하면 잘할 수 있을지, 어떤 이야기를 담아야 하는지, 어느 방향으로 나아가야 하는지 한참을 고민했다.

지금의 삶에서 가장 마음을 다해야 하는 책을 만드는 일이니까 가장 마음을 쓴다. 기계적인 일은 그냥 하면 되는 데 마음을 써야 하는 일에는 사람처럼 다가가야 한다. 가장 나다워야 하는 책을 만드는 일이니까 더 '나' 기능을 켠다. 다소 부팅 시간이 긴 단점이 있긴 하지만 일단 켜지면 그 성능은 확실하다. 이번에도 그 성능에 감탄하는 중이다. 당신이 이 책을 읽고 있다는 건 어떻게든 이번에도 해냈다는 이야기다.

어쩔 수 없나보다. 그간 고수하던 삶의 방식을 한 번에 바꿀 수는 없는 노릇. 그런데 언젠가는 이 습관도 한번 바꿔보고 싶다. 계획도 척척 세우고 시간은 더 효율적으로 사용해서 더 멋진 결과를 맞이해보고 싶다. 그때의 목적지에서는 어떤 기분일지 궁금하다.

vol. 9

고요한 외침

오늘 할 일

내가 완벽할 수 없음을 받아들이는 일

인정하며 다시 성숙해지기를 간절히 열망하는 일

DATE
24년 10월 19일

## 당신도 썼으면 좋겠다

첫 책을 만들 때 내가 책을 만든다니 말도 안 되는 이야기라고 생각했다. 코웃음 쳤다. 이과 출신으로 글이란 건 전공책에서 보는 게 다였다. 글을 배운 적도 없다. 글을 쓰게 될 것이라고 상상해 본 적도 없다. 일기도 잘 쓰지 않는데 내 글을 누가 읽어주기라도 할까 싶었다.

그런데 지금 이 책을 당신은 봐주고 있다. 보잘것없는 기록이지만 누군가는 내 이야기를 진심으로 봐주고 있다. 우울과 불안을 다독이기 위해서 시작한 글쓰기가 이제는 더 나은 삶을 살게 해준다. 이처럼 당신과 나를 연결해 주는 감사한 역할을 하기도 한다.

당신도 썼으면 좋겠다. 혹시 망설이고 있다면 말이다. 읽고 쓰이지 않을 문장이라 생각이 들어도 괜찮으니 일단 쓰면 좋겠다. 당당히 썼으면 좋겠다. 누군가를 위한 문장이 아니라 나를 위한 문장이면 좋겠다. 머릿속 떠도는 낱말을 가져와 종이에 옮겼으면 좋겠다. 나를 힘들게 하는 머릿속 무수히 많은 문장을 꺼냈으면 좋겠다. 누가 뭐라 해도 나의 글을 써줬으면 좋겠다.

글을 쓰는 법도 모르던 내가 종이를 더듬으며 뱉어낸 낱말이 모이니 문장이 되었고 글이 되었다. 조금 더 모여 책이 되었다. 누군가를 위한 책이 아니라 나만을 위한 첫 번째 책을 세상에 냈다. 마음을 책에 담아 보내고 싶어서 책을 만들었다. 그러자 세상 누군가는 내 책을 읽는다. 22년 11월 첫 인쇄를 진행한 *첫 책은 지금 3쇄를 진행했다.

그러니 혹시 망설이는 누군가가 있다면 용기 내기를 바란다. 당신의 멋진 생각을 써주면 좋겠다. 당신의 용기가 누군가가 읽고 나서 그 사람도 그의 생각을 퍼뜨려주면 좋겠다. 나의 세 번째 용기가 지금, 이 글을 읽는 당신에게 닿은 것처럼, 당신의 용기도 그랬으면 좋겠다. 그래서 이 세상 많은 사람들이 제 생각을 많은 이들과 나누었으면 좋겠다. 그럴 가치가 있는 당신의 인생이니까. 이미 멋진 책인 당신이니까.

훗날 우연히 당신의 글을 읽게 되기를 기대한다. 어떤 인연으로 당신과 만나 서로의 글에 관해 이야기 나누고 싶다. 이 작은 외침이 당신에게 조금이라도 힘이 되었으면 좋겠다. 나중에 만나게 되면 꼭 알려줬으면 좋겠다. 당신의 책을 보고 나도 쓸 수 있었다고, 그러면 나도 감사하다고 전하고 싶다. 써줘서 고맙다고, 앞으로도 함께 쓰자고.

\* 어느 날 문득 잘 살고 싶어졌다

DATE
24년 11월 3일

# 일그러진 모습을 마주하기

어쩌면 나를 있는 그대로 바라볼 수 있다는 건 축복일지도 모른다. 그냥 온전한 '나'일 수 있도록 내버려둘 수 있으면 조금 더 주체적으로 살아갈 수 있을까? 그럴 수만 있다면 조금 덜 힘들지 않을까?

일평생을 일그러진 내 모습을 마주해왔다. 늘 그래왔으니 어떤 게 온전한 모습인지 잘 모른다. 그런데 정령 삶을 올바르게 바라보며 살고 있다고 할 수 있나. 내 모습조차 그대로 보지 못하면서 누굴 함부로 재단하고 평가해 왔나. 사실 가장 못난 점을 고쳐야 하는 건 자신이었는데, 날카로운 화살을 타인의 가슴으로 날렸다. 자기 모습을 알지 못한 채 타인의 부족한 점만을 지적하고 나만의 기준과 규율을 어떤 이에게 강요해 왔던 건 아닌지 반성하게 된다.

한동안 거울을 보는 게 힘들었다. 못 난 내 모습을 마주하는 게 불편했기 때문이다. 그런데 요즘은 있는 그대로의 모습을 마주하고 싶다. 일그러진 모습도 진정한 나의 모습이다. 그럼 그런대로 나를 받아들이고 인정하고 싶다. 그럴 수 있다면 조금 더 삶을 주체적으로 살아갈 수 있지 않을까?

우리 각자는 저마다의 치열한 시간 속에서 산다. 모두의 살아남기가 존중받아 마땅하다. 늘 죽음과 삶의 가운데에서 버티고 선 각자의 삶 있는 그대로 귀하고 아름답다. 삶의 형태가 제각각 다를 뿐, 불확실함과 싸우며 두려움을 견디며 살아가는 건 모두 매한가지다. 당신을 포함한 모든 인생을 응원하고 싶다.

DATE
24년 8월 3일

# 나이테

    몸 어딘가에 나이테처럼 나이를 가늠할 수 있는 표식같은 게 있으면 좋겠다. 제 나이로 성장하는 게 어려워서 그럼 내 나이를 인식할 수 있을 것 같다. 그럼 당당하게 이만큼 컸다고, 어른이라고 말할 수 있을까, 부끄럽지 않게 살아갈 수 있을까?

    나이가 어려졌다. 갑자기 만 나이로 바뀌게 되면서 원래도 헷갈렸던 나이가 더 복잡해져버렸다. 그래서 그냥 원래 나이로 살기로 했다. 귀찮기도 하고 나이가 더 이상 중요하게 느껴지진 않기 때문이다.

나이란 태어난 이후 얼만큼 살았는지 가늠하기 위한 장치라고 느껴진다. 어느 정도 왔는지, 이쯤 되면 어떻게 해야하는지, 무얼 하면 안 되는지 등을 판단하는 어느 기준이 되어준다고 생각한다.

그런 관점에서, 지금의 나이에 걸맞게 잘 살고 있는지 의문이다. 나이테처럼 성장에 따라 이 만큼 자랐다고 도장을 꽝 찍어주면 좋겠다.

그럼 조금은 쉽지 않을까? 어느 정도 세상의 기준에 따라 잘 살아내고 있다고 스스로 위로하기도 하고 기준에 맞지 않다면 더 채찍질을 해 더 달려볼텐데 말이다.

애석하게도 그런 장치는 없다. 모든 것에 답이 없다. 인생은 그래서 재밌기도 한데, 그래서 참 어렵기도 하다. 그 나이에 걸맞게 살기를 강요받지만 명확한 기준이 있지는 않다. 사회가 만든 어떤 암묵적인 규칙같은 것은 있는 것 같기도 하다. 언제 학업을 마치고, 제 때 취업을 하고 결혼을 하고 행복하게 살아야한다는 등의 나이마다 그 시기가 있고 때를 놓치면 남들보다 늦은 사람이 된다.

눈에 보이지 않는 트랙이 있는 것 같다. 모두가 같은 트랙 위에서 부지런히 달린다. 그러다 뒤쳐지면 패배자, 앞서가면 승자라고 여겨진다.

트랙에서 이탈하는 자는 평범하지 않은 이상한 사람으로 분류되는 것 같다. 마치 틀린 방향으로 가고 있는 것 처럼 느껴지기도 한다. 그저 다른 방향으로 나아갈 뿐인데 틀린 게 된다. 맞고 틀린 건 어느 기준인지는 모르겠다.

만약 정해진 트랙이 있다면 나는 다른 방향을 향하는 사람이다. 저들과 다른 길을 가면서 늘 불안했다. 나만의 길을 가겠다며 과감히 선택한 길인데 매 순간 의심을 했다. 그저 행복하고 싶을 뿐이었는데 마치 이상한 사람이 된 기분이었다. 평범하게 살지 못 하는 내가 이해가 되지 않았다. 저들처럼 정해진 길을 가면 편하지 않을까 생각하기도 햇다.

그러나 그건 터무니 없는 생각이었다. 저들도 행복하고 싶고, 잘 살고 싶고, 즐겁게 살고 싶고, 두렵고, 불안한 사람들이었다. 나랑 별반 다르지 않은 그들은 그저 보통의 삶을 바랐던 것 뿐이었다. 나처럼 그들 또한 그들의 길을 가고 있을 뿐이었다. 각자 책임을 짊어지고 묵묵히 나아가고 있는 거다.

모두의 방식을 응원한다. 훗날 어느 지점에서 만날 지 모르는 그들을 진심으로 지지한다. 이제는 그들과는 다른 길 위에서 그들의 달리기를 열렬히 사랑하는 한 사람으로 남고 싶다.

    내가 가지 못 한 그곳에 다다르게 되면 안부 전해주면 좋겠다. 당신의 삶은 어땠냐고 묻고 싶다. 그 때 나의 삶도 이랬다고, 그리 나쁘지만은 않았다고 말할 수 있도록 부지런히 나의 길을 달려봐야겠다.

DATE
24년 12월 27일

## 부탁하고 싶다

   길을 걷다 보면 헬멧을 쓰지 않고 오토바이를 타는 사람을 본다. 그럴 때마다 '너무 위험한데' 하고 속으로 생각한다. 당장 사고가 나지 않더라도 혹시나 모를 상황에 대비해야 할 텐데 하는 걱정이 앞선다. 괜한 오지랖인가 싶다가도 그들의 안전이 진심으로 걱정된다.

   헬멧을 쓰지 않는 건 인간이 죽음을 향한다는 사실을 외면하는 것 같이 느껴진다. 모든 인간은 태어난 이후 죽음이라는 순간을 직면해야만 한다. 그 시기는 모두 다르지만 결국에 도래

할 하나의 사건을 부정할 수가 없다. 그렇기에 한 번뿐인 삶이 더욱 중요한 것이다. 그런 관점에서 최소한의 보호장구를 착용하지 않고 거리 위를 달리는 모습을 보면 그들이 마치 죽음에 대한 사실을 잊어버렸거나 알면서도 모른 체 하는 것처럼 느껴진다.

물론 모두의 자유다. 어떤 삶이든 그 자신만의 선택을 하고 그것에 책임을 질 권리가 있다. 그렇기에 그것에 대해 내가 무거운 잣대를 들이밀 수 없을 것이다.

그러나 한 번뿐인 삶이 아까운 것도 사실이다. 운이 좋아 사고가 나지 않을 수도, 혹은 사고가 나더라도 크게 다치지 않아 일상생활에 지장이 없을지도 모른다. 또는 전혀 별일 없이 안전하게, 엄청난 운전 실력으로 오래 행복하게 잘 살아갈 수도 있다.

그러나 사고란 우리의 예상을 항상 뒤엎는다. 사고는 한순간 찾아온다.

부탁하고 싶다. 소중한 삶이다. 당신의 삶 외에도 곁에는 수많은 소중한 생명이 있다. 가족, 친구, 후배, 선배, 선생님을 비롯한 당신을 아는 모든 생명은 당신이 잘 살기를 바란다.

부디 당신이 죽음을 외면하지 않았으면 좋겠다. 최소한의 보호라도 해주기를 간절히 바란다.

> 보고서

건강에 대한 걱정, 나에 대한 성찰,
어떻게 먹고 살 것인지에 대한 고민 등 불안한 하루였다.

| 날씨 | 추움 | 감정 | 미안, 걱정, 불안, 조급 |

**키워드**  건강, 기대, 살아남다, 방황, 목표, 다정

**수면**  쉽게 잠들지 못 했다. 늦게 일어났다.

### 오늘의 좋음

나에 대해 더 성찰할 기회가 있어서 좋았다.
그걸 또 진심으로 봐주고 이야기해 주는
팀원이 있어서 고마웠다.

### 오늘의 나쁨

말, 행동, 태도, 말투에 대해 다시 점검 필요

## 나에 대한 성찰

평소 팀원들과 일에 관해 이야기할 때 내가 평소와 달라진다고 한다. 말투가 다소 딱딱하고 사무적으로 변한다는 것이다. 대충은 알겠지만, 전부를 이해하기는 어렵다.

분명 좋은 것은 아닐 것이다. 좋은 결과를 위해, 혹은 팀원의 성공을 위해 그렇다고 치부하며 나의 방법을 그들에게 강요할 수는 없는 노릇이다. 어떤 이유든 누군가 마음에 상처를 준다는 것은 문제가 있다. 나의 행동을 정당화하는 핑계가 될 수 없는 것이다.

설령 그것이 내 기준에서는 맞다고 하더라도 누군가가 나를 무조건 이해해 줘야 하는 것도 아니다. 잘못된 것이 있다면 고쳐내야 한다. 여러 가지 생각이 많아지는 밤이다. 더욱 생각을 많이 해봐야겠다.

# 4

## 아침

## 오늘, 다시 살아가는 연습

잘 살고 싶다, 응원, 나를 사랑하는 연습,

다시 해보자, 기본적인 생존, 다시 점검하고

챙기자, 자기 객관화, 꾸준히 배우기, 넘어져도

다시 일어서기, 과정 속으로 뛰어들기, 성취감

하루하루 충실히 살아가기, 소중한 일상,

잘 먹고 잘 자기

vol. 10

다시 해보자

오늘 할 일
———————

하찮은 내게도 반드시 내일이 온다.
그래, 다시 해보자.
사계절 내내 그 자리에 서서 자연의 흐름에 순응하는 나무.
그의 꾸준함과 묵묵함이 내게 다시 살아가라고 한다.
추운 겨울임에도 벌써 싹 틔울 준비를 하는 몽우리.
내게, 이 겨울도 금방 지나고 곧 봄이 올 거라고 말을 건네는 것만 같다. 등산길에서 바라본 풍경 덕에 또 오늘을 산다.

DATE
25년 3월 18일

# 다시 무언갈 하고 있다는 감각

**다시 해보자. 처음부터 다시 점검해 보자.**

    마음이 고장 나기 시작하면 많은 것이 쉽게 안 된다. 평소에 잘했던 것들이 점점 어려워진다. 마치 잘 맞물려 부드럽게 돌아가던 기계의 부품들이 삐걱대기 시작하는 것처럼, 작은 부분부터 큰 부분까지 무엇 하나 마음처럼 되지 않는다. 그동안 잘 갖춰놓았던 체계가 무너지면서 마음 사태가 일어나 정신과 육체를 무섭게 덮어버리고 만다.

    이럴 때는 다시 처음부터 해보자고 반복해서 생각한다. 온갖 생각들이 뒤섞여 흙탕물처럼 머릿속이 뿌옇게 흐려지곤 하지만, 그 사이 어느 틈에 조금씩이라도 긍정의 조각을 심어놓는다.

잘되지 않지만 그래도 효과가 꽤 있는 편이다. 엄청나게 긍정도 아니지 않는가. 그저 다시 해보자는 것. 긍정도 부정도 아닌, 다시 원점으로 돌아가 다시 해보자고 스스로에게 던지는 일종의 무심하지만, 다정한 말 한마디 같은 것이다.

이렇게 생각하다 보면 어느샌가 조금은 괜찮아진다. 머릿속 창문을 활짝 열어 바깥의 신선한 바람을 들이는 것처럼, 맑은 생각들이 다시 차오르기 시작한다. 매캐한 연기를 걷어내고 그 공간을 상쾌한 공기가 들어차면서 생각의 흐름을 선선한 바람의 흐름에 맡긴다.

뭐, 여기까지 말하고 나면 웃기다. 겉으로 봤을 때는 아마 나는 괜찮은 사람일 것이다. 마치 감정이 없는 사람처럼 일정량의 에너지를 갖고 항상성을 유지하는 인간, 아니 기계처럼 보일지도 모르겠다.

그러나 내면에서는 이런 자정작용이 늘 일어나고 있다. 예전에는 이런 것이 참 고깝게 느껴졌다. 나 스스로에게 말이다. 남의 눈치를 많이도 봤기 때문인데, 누군가를 위한 삶을 그리도 살았던 건지, 나는 나에게 참 모질었다.

어딘가에도 쓸모가 없다고 느껴지면 자주 우울해지는 편인데, 그 쓸모라는 것도 어쩌면 누군가를 위한 쓸모일지도 모른다고 생각하니 쓸쓸했다.

최근에는 타인을 위하던 태도는 나를 향하도록 많이 고쳤다고 생각했다. 그런데 정작 나에게는 늘 가장 가혹한 잣대를 들이밀고 있었다. 그러니 늘 힘들었나 보다.

무언가를 보여주는 삶이 아닌 그저 내 삶을 사는 것, 그것이 부담을 내려놓는 가장 좋은 방법인 것 같다. 적어도 내게는 말이다.

다시 처음부터 점검을 해보자. 과연 지금 나는 누굴 위해 살고 있는가. 나를 위해 살고 있다고 해도, 정말 그런가. 사실 무언가를 증명하지 않아도 그냥 오늘을 살아가면 되는데, 또 무언가를 위한다는 핑계로 오늘을 잘 보내지 못했던 것은 아닌가.

다시 해보자. 처음부터 다시 점검해 보자.
때론 돌아가는 게 빠를 때도 있다.
다시 무언갈 하고 있다는 감각을 쌓아보자.

DATE
25년 3월 20일

# 지금 최선을 다한다

 반성했다. 여러 가지 일들에서 배우며 깨닫게 된 것들을 다시 짚어보면서 어떻게 살아야 할지 생각해 보게 된다. 뭔가를 한계 이상 열심히 한 적이 있었던가. 그 당시에는 그렇다고 생각했었는데 더 나이가 든 지금에 와서 돌아보면 그것이 정말 그토록 노력한 것이 맞나 의심이 된다.

 그런데 확실한 것은 그 당시, 그러니까 어린 시절의 나는 분명 최선의 노력을 다했다는 거다. 그때의 최선을 절대 폄하해서는 안 된다. 중요한 것은 지금의 내가 할 수 있는 최선을 다해 집중하는 것이 중요하다.

DATE
25년 3월 31일

# 나쁠 것 없지 않나

삶의 여러 가지 형태가 있다면 지금 삶의 형태도 나름 만족한다. 뭐, 나쁠 것 없지 않나.

고단한 일을 마치고 집에 돌아왔다. 일을 할 수 있음에 감사하고 돌아갈 집이 있음에 감사하며 하루를 마무리할 수 있다. 뻔한 말이지만 행복이 별거 없는 것 같다. 그냥 지금 이대로도 좋다.

DATE
24년 4월 21일

# 꿈

꿈은 내게 자주 좌절을 알려주었다. 다양한 꿈을 꾸었지만, 정작 이룬 경험은 많이 없다. 시험 성적을 잘 받고 싶다거나, 원하는 곳에 취업하고 싶다거나 혹은 마음에 드는 사람과 가까운 사이가 되고 싶다는 식의 일들은 일어나긴 했지만 꿈이라고 할 수 없는 것들이다. 그저 바람이나 소망 정도였을 뿐이다.

이미 한 차례 이전 책에서 언급했지만(*우울의 바깥을 향하며 중) 어릴 적 꿈은 의사였다. 외할머니처럼 아픈 사람들을 위해 일하고 싶었다. 그러나 그것은 정말 꿈이었음을 깨달았다.

한때는 사회 복지사가 된 모습을 떠올리기도 했다. 누군가를 돕고 싶다는 마음이 커서 한때는 마음에 품었다. 그러다가 금방 포기했다. 남을 위해 살아가야 하는 것을 감당해 낼 자신이 없었다. 용기가 없었다.

당시 전공은 전자공학이었고 할 줄 아는 것도 좋아하는 일도 딱히 없었기에 선배들이 가는 회사에 가는 것을 당연하게 생각했다. 그래서 이후로는 전공과 관련된 회사에 취업을 준비하느라 꿈에 대해 생각해 보질 못했다. 그렇게 시간은 흘렀다.

꿈 같은 거 아무래도 좋다고 생각했다. 거창한 뭔가가 되기보다는 그저 흘러가는 대로 살며 별 탈 없기를 바랐다. 꿈이 없다는 것쯤 사는 데 크게 불편함은 없었다.

단지 내게 중요했던 것은 평온한 삶이었다. 마음 편히 살아갈 수 있다면, 큰 병 없이 원만한 관계 속에서 지낼 수 있기를 바랄 뿐이었다.

그 이상은 사치라고 생각했다. 무언가를 바라는 것보다 바라지 않는 것이 평온한 삶에 더 도움이 됐다. 적어도 마음을 다치는 일은 적었으니까.

그런데 이제는 희미하지만 꿈 같은 것이 생겼다. 딱히 명확하게 정의할 수 있는 단어가 떠오르지는 않지만 분명 어떤 꿈이라 불릴만한 무언가를 마음속에 품고 있다. 뜨겁고 생각만 해도 눈시울이 붉어질 만큼 대단한 것은 아니고 오히려 차분하면서도 차가운 느낌이다.

그런데 왜일까? 자꾸만 마음 한편에서 그 존재감을 나타낸다. 어떤 선택을 하게 되는 순간에 불쑥 고개를 내밀어 방향을 알려준다. 설령 무너지더라도 툭툭 털고 다시 일어날 수 있게 손을 건넨다. 이따금 외로움이 찾아오면 친구가 되어주기도 한다. 이토록 꿈이란 것의 지지를 받아본 것이 실로 처음이라고 할 수 있다.

정확하게 말하기는 어렵지만, 어렴풋이 알게 된 나의 꿈은 무해한 사람이 되는 것이다. 그게 무슨 꿈이냐고 할 수 있겠지만 나는 그것이 꿈처럼 아득한 일처럼 느껴진다.

살아오면서 어떤 식으로든 누군가와 영향을 주고받았다. 대체로 긍정적인 영향을 받았을 때보다 부정적인 영향을 받았을 때의 여운이 오래갔다. 좋은 것은 내게 살이 되고 피가 되었지만, 유해하다고 판단되는 것에는 상처를 받아 마음에 남아 흉터가 되었다. 무언가를 배우긴 했지만 그게 괜찮다는 의미는 아니었다. 배움은 값진 것이지만, 아픈 경험을 통해 배우는 건 몇 번을 해도 익숙해지지 않았다.

그런 의미에서 나는 무해한 사람이 되어보고 싶다. 상대에게 상처를 주지 않고도 충분히 좋은 영향을 미칠 수 있지는 않을까? 나 자신도 상처를 내지 않고도 도움이 되는 자극이 될 수 있지 않을까? 서툴다는 이유로 상대에게 상처를 주고 나서 뒤늦게 사과하는 일 없이도 살 수 있지는 않나. 서로 간의 오해로 인한 무분별한 공격으로 서로의 마음에 상처를 남기지 않을 수도 있지 않나. 가능할지는 모르겠지만 작은 기대와 같은 것이 생긴다.

말 그대로 꿈같은 이야기다. 잘 안다. 불완전한 나는 언제고 실수하게 될 것이다. 또 사과할 것이며 또 배우게 될 것이다. 후회하고 성찰하며 같은 실수를 반복하지 않기 위해 노력할 것이다. 또 얼마 안 가 다른 실수를 범하게 될 것이다. 그러고는 또 배우고 후회하고 성찰하고 노력할 것이다.

언제까지 이 같은 일을 반복해야 할지는 잘 모르겠다. 그런데 불가능해 보이는 꿈을 위해 끊임없이 나아가 볼 생각이다. 정말 꿈같은 이야기일지라도 마음에 품고 살아간다면 그 언젠가 가까워질 수 있지는 않을까 하는 기대를 안고.

DATE
25년 3월 20일

# 단계가 중요하다

요 며칠 에너지가 없어서 축 처져 있었다. 일도 손에 안 잡히고 무언갈 할 의욕이 생기지가 않았다. 다시 우울의 시간이 찾아왔구나 생각하면서 다시 이 시간을 잘 보낼 채비를 한다. 왜냐하면 언제고 올 줄 알았으니까. 늘 괜찮기만 할 수는 없다는 것을 아주 잘 알기 때문이다.

답답한 마음에 윤홍균 선생님의 '마음 지구력'이라는 책을 읽었다. 많은 내용이 도움이 되었지만 그 중 특히 울림을 주었던 내용은, 단계를 염두에 두는 습관이 중요하다는 것이다. 무언갈 하려고 하면 덜컥 겁부터 나는 내게 '지금, 이 순간도 과정이니까 다시 하면 된다'라고 말해주는 것 같았다.

무작정 나가 뛰었다. 한참 운동을 쉬었다가 다시 뛰니 심장이 터질 것만 같았다. 그러나 어째선지 기분은 더 좋아지고 에너지가 닳는 것이 아니라 더 차오르는 것이 느껴졌다. 숨이 가빠질수록 마음은 더 괜찮아지는 것이었다.

한동안 자주 달리기를 한 적이 있는데 그땐 도저히 어떻게 이 불안을 다뤄야 할지 모르겠기에 시작했었다. 자주 하니까 마음 회복에 많은 도움이 되었다.

그런데 이번에는 그리 오래 달리지는 못했다. 아무 준비 없이 나와서, 바람이 많이 불어 추워서, 또 심장이 아프고 다리가 아파서 등 여러 핑계를 대며 집으로 돌아왔다.

그러나 한 가지 생각을 지울 수가 없다.
그 어떤 일에도 단계가 중요하다는 것.

잠깐이지만 집 밖을 나서 운동장을 뛰었던 이 감각을 갖고 또 내일을 맞는다면, 한 단계를 지난 것이다. 어설프고 부족하더라도 어찌 되었든 과정 속으로 뛰어든 것이다.

도저히 일이 손에 잡히지 않았었는데 왜인지 어떻게 해야 하는지 힌트를 얻은 것 같다. 다시 할 일을 차근차근히 해봐야겠다.

vol. 11

조금씩 괜찮아지기

## 오늘 할 일

때로는 삶을 자연스럽게 흐르기 위해 부자연스러움이 필요하다는 것. 웃음이 도무지 나지 않을 때 괜히 실없는 농담을 하거나 도저히 더 이상 누구와도 마주하고 싶지 않을 때 더욱 오고 가는 대화 속에 나를 던져 보는 일. 숨이 가득 차도록 많은 계단을 올라 도착한 정상에서, 늘 그곳에 있었을 풍경에 뛰어들어 보는 일. 갑작스레 떠난 부자연스러운 여행 속에서 다시금 흐르는 삶에 몸을 맡겨보는 그런 일.

DATE
날짜미상

# 조금은 이기적이어도 괜찮아

    어느 순간부터 남의 눈치를 덜 보게 되었다. 아마도 더 이상 나 이외의 것들을 신경 쓸 필요가 없어졌기 때문일 것이다. 내겐 많은 부분을 차지했던 타인의 것들을 많이 덜어내고 온전한 나의 것들로 채워나가면서 자연스럽게 그렇게 됐다.

    타인이 나를 어떻게 바라보는지, 무슨 생각을 하는지, 흉을 보지는 않을지 별로 궁금하지 않다. 나 이외의 무수히 많은 요소를 그저 외부의 것으로 분류한다. 내 영역에 두고 반복해서 들여다보지 않는다. 그것이 귀찮기도 하고 성가시기도 하다. 덕분에 더 내 것으로 채울 여유 공간이 생긴다. 더 이득인 셈이다.

내 것으로 가득 찬 공간에는 타인의 것을 들일 여유가 없다. 영역 바깥의 것들은 내 것이 아닌 그들의 것이므로 딱히 부럽거나 욕심이 생기지도 않는다.

누군가에게 잘 보일 필요가 없으니까 내가 어떻게 보이는지에는 별로 관심이 없어졌다. 그저 있는 그대로의 내 모습을 자세히 들여다보고 싶다.

내가 하고 있는 일이 정말 좋아하는 일이 맞는지 궁금하다. 평소 입는 옷은 내 모습과 생활 습관과 잘 맞는지, 사용하는 언어는 적절한지, 관계 속에서 나는 나로서 존재하는지.

이제는 나를 들여다볼 수 있는 고민을 통해 타인의 시선에서 비로소 해방될 수 있었다. 날 쥐고 흔들던 타인의 시선에서 벗어나 나를 바라볼 수 있게 되었다. 홀가분한 기분이다.

왜 그렇게 살았는지 모르겠다. 남 눈치는 적당히 봐도 되었을 텐데 왜 그리도 그게 힘들었을까. 조금은 이기적이어도 괜찮은데, 나보다 남을 먼저 생각했다. 무엇보다 중요한 건 나를 챙기는 거였는데, 남을 신경 쓰느라 중요한 걸 놓쳤다.

지금이라도 좋다. 그럴 수 있어서 다행이다. 다시 돌아오지 않을 삼십 대의 시간은 온전히 나를 위해 쓰고 싶다.

DATE
25년 4월 2일

# 매 순간 선택으로 이루어진다

정말 한 순간도 선택하지 않을 수 있다면 얼마나 좋을까. 그냥 흘러가는 대로 살아갈 수 있다면 편하지 않을까? 무엇을 먹어야 하는지, 어딜 가야 하는지, 어떤 진로로 나아가야 하는지에 대한 큰 범위의 일부터 누구와 함께 어떤 메뉴를 고르고 몇 시에 가서 창가에 앉을지 두 명인데 네 명 테이블에 앉아도 되는지 양은 어느 정도를 시켜야 하는지... 하루에도 이렇게 많은 선택을 하며 살아가는 것이 새삼 피곤하게 느껴지기도 하니까 말이다.

저녁을 먹고 잠깐 팀원들과 산책을 나섰을 때 일이다. 돌탑이 있길래 각자 돌을 주워 쌓으며 소원을 빌기도 했다. 그런데 돌탑이 두 개가 있는 것이 아닌가. 하나는 누군가의 흔적인지 조금은 무너져 있었고, 하나는 그래도 멀쩡한 상태를 유지하고 있었다.

두 사람은 금방 마음에 드는 돌을 주워 각자 원하는 돌탑에다 올려두고는 소원을 빌었다. 그러나 한참을 찾아도 작은 돌 하나를 발견하지 못해 한참을 헤매고 있었다. 돌을 찾으면서도 머리로는 어느 돌탑에다 돌을 쌓을지 생각하고 있었다.

그러다 결국 팀원의 도움으로 돌을 찾을 수 있었고 고민 끝에 모습이 온전한 돌탑에다 돌을 얹고 두 눈을 꼭 감고 소원을 빌었다. (소원은 비밀이다. 말하면 이루어지지 않을 것 같아서....)

두 개의 돌탑 중 하나를 선택한 이유가 특별하지는 않다. 그저 온전한 모습을 한 돌탑이 마음에 들었기 때문이다. 내가 얹은 이 돌도 온전하길 바라는 마음도 함께 있었고.

돌을 쌓고 계단을 올라가다가 문득 이 순간에도 나는 이렇게 깊이 고민하고 행동한다고 생각하면서 나에 대해 다시 조금 더 이해하게 되었다.

그러니까 내가 늘 예민한 거구나, 이런 사소한 일에 깊게 빠져들어 진지하게 생각하다 보니 하루를 늘 긴장 상태에서 보내는 거구나 했다. 그러다 보니 쉽게 스트레스를 받기도 하는 것 같기도 하고.

●

　삶이 이처럼 필연적으로 선택을 해야만 하는 구조라면, 어쩔 수 없이 적응해야 한다. 스트레스받더라도 덜 받을 방법을 택해야 하며 선택했으면 또 유연하게 그 결과를 받아들이고 다시 새로운 선택을 해야만 한다. 바뀌는 것은 없고 바뀌어야 한다면 바로 내가 바뀌어야 하는 것이다.

　매 순간 선택으로 이루어진다. 그걸 아니까 조금은 위안이 된다. 살면서 마주하는 수없이 많은 선택의 순간에서도 최선의 선택을 해야한다. 그러기 위해서는 머릿속 가득한 생각을 잘 정리하고 다듬을 필요가 있다.

DATE
25년 3월 19일

# 맥주 한잔을 했다

*술을 안 먹은 지 엄청 오래되었는데,
오랜만에 마셨다. 딱 한 캔만.*

사실 어제 저녁에 딱 먹고 싶었는데 참았다. 오늘 중요한 면접이 있었기 때문에 어쩔 수 없이 눈 딱 감고 참았다. 그리고 오늘 면접도 보고 왔으니 시원하게 한잔했다.

일단 금주를 하게 된 것은 처음에는 자의가 아니었다. 건강상의 이유로 술을 먹으면 자꾸 어지러워져서 더 이상은 먹으면 일상생활이 어려워졌기 때문이었다.

그 이후로는 딱히 생각이 나지 않기도 했고, 맨 정신으로 지내지 않는 하루의 시간이 아까워졌기 때문이기도 했다. 그 이후로 줄곧 술을 먹지 않고 있다.

그 까닭에 맨정신으로 보내는 시간이 더욱 소중해졌다. 여기서 말하는 맨정신이란, 술을 먹지 않은 상태이기도 하지만 어지럽지 않은 시간이기도 하다.

어느 날 새벽에 발병한 어지러움증으로 이대로 죽는걸까 하다 아침까지 한 숨을 못 잤다. 그러고는 병원에서 이석증을 진단받게 되었다.

그 후 줄곧 어지러움증과의 줄다리기를 해왔다. 요즘도 가끔 무리하면 어지러워진다. 뭐, 예방한다고 해도 쉽지는 않다. 귓속의 돌이 내 맘대로 제 자리에 있어 주면 좋겠지만 그러지 않는다면 내가 어찌할 방도가 없다. 그러지 않기만을 바랄 수밖에 없다. 갑자기 증상이 나타날 것 같은 느낌이 들면 쉰다. 어쩔 수 없다.

이런 연유로 술은 입에도 대지 않다가 오랜만에 마셨다. 그냥, 문득 생각났다. 취하고 싶다거나 뭐 맛이 있다거나 하는 것은 아니고 그저 술을 마시는 행위 자체로 의미가 있었다.

예전, 술을 마시는 것은 일종의 의식 같은 거였다. 회사를 마치고 와서 고생한 나를 위해 한 잔, 힘드니까 한 잔, 기쁘니까 한 잔…. 이런저런 이유를 대가면서 즐겼던 음주가 내게는 나를 위한 일종의 보상 같은 거였다. 그런 그 때의 감정이 문득 떠올랐다.

'그래, 나도 평범한 일상을 보낼 수 있어.
남들도 다 그렇게 사는 걸'
이런 식의 지루한 위로 같은 것일지도 모르겠다.

지금의 생활이 이전에 해오던 것과는 다른 방식이라 아마도 안심할 구석이 필요했을지도 모르겠다. 안전지대를 벗어나 끊임없이 나아가야 한다는 불안감과 언제 찾을지 모를 또 다른 안전지대에 대한 막연함이 더욱 삶을 불안정하게 만드는 것 같다. 그런 지금 필요한 것이 바로 이런 평범한 위로 같은 것인가 보다.

삶을 지탱해 주는 여러 가지 요소들 중에서 특히 더욱 단단하게 잡아주는 것은 아마도 이런 평범한 일상 같은 것이다. 내게는 그저 일상에서 누릴 수 있는 작은 것들이 더욱 큰 삶의 의미가 되어준다.
누릴 수 없을 때가 되어야만 그 소중함을 알 수 있는 것들을 더욱 만지고 느끼면서 다시 현재를 정돈하고 싶은 마음이다. 다시금 되짚어보면서 내게 큰 의미를 가져다주는 소중한 일상을 다시 곁에 데려와 앉히고 다시 내 삶을 오롯이 만끽하고 싶다.

DATE
24년 11월 12일

# 왜가리의 은혜

보통 기대를 별로 하지 않는 편이다. 기대란 것은 하면 대게 실망으로 이어지는 것을 많이 경험했기 때문이다. 내게는 좋은 점보다는 나쁜 점이 더 많았다. 기대를 해서 갖는 열정이나 에너지보다, 결과에 따른 실망과 좌절이 마음에 큰 상처로 남았다. 감당하지 못할 무게의 짐이 마음에 쌓이는 기분이다. 그래서 기대는 몸에 해롭다며 하지 않는다.

그러던 어느 날, 기대를 할 수밖에 없는 사건이 벌어졌다. 그날도 팀원들과 일을 마치고서 저녁을 먹었다. 배가 불러 근처 공원을 한 바퀴 돌고 있는데, 갑자기 나무에서 푸드덕 소리가 나더니 큰 새가 날아가는 것이 아닌가.

깜짝 놀란 마음을 진정시키고 있는데, 서로의 옷을 보니 하얀색 뭔가가 묻어있었다. 놀랐기도 했고 어두워서 뭔지 처음에는 알 수 없었는데 자세히 보니 그건 새똥이었다. 그것도 아주 많은 똥. 새가 큰 만큼 똥도 컸다.

새는 고맙게도 세 명에게 골고루 똥을 흩뿌려주었다. 그러고는 유유자적 큰 날개를 휘저어 저만치 날아갔다.

우리는 난리가 났다. 놀라서, 또 한 편으로는 대박 조짐이라서 그랬다. 보통 새똥을 맞으면 좋은 일이 있을 거라는데 우리는 거대한 왜가리가 세 명에게 골고루 똥을 난사하고 갔으니 오죽할까 싶었다.

한 해가 저무는 시기이자 새로운 해를 맞이하는 시기였으니까 더한 기쁨이었다. 새똥을 맞았다는 것이 전혀 기분 나쁘지 않고 오히려 감사할 지경이었다. 내게도 드디어 좋은 일이 오는 것인가!

실제로 어땠냐고 물으실 수 있겠다. 이 글을 정리하고 있는 지금은 어느덧 2025년 4월의 끝자락, 내게는 실로 좋은 일이 많이 있었다. 임대주택에 이사를 오게 되었고, 그 과정에서 가족들의 선물을 받기도 했다. 또 원하던 지원사업에 선정되어 이 책을 준비할 수 있게 되기도 했다. 참여하고 싶던 페어 행사에도 갈 수 있게 되었다. 전주와 서울에서 처음으로 이 책을 선보일 수 있게 되었다.

금전적인 일 뿐 아니라, 그 외에도 작고 큰 일이 많았다. 대체로 내게는 좋은 일이었다.

크게 아프지 않았다는 것, 일로도 많은 성과가 있었다는 것, 개인적으로도 마음이 많이 좋아진 것을 포함해 큰 일이 일어나지 않은 것으로도 이미 내게는 충분히 좋은 일이라고 할 수 있다.

아직도 이 모든 일은 왜가리의 은혜 덕분이라고 생각한다. 기대하지 않는 내게 기대해도 좋다는 왜가리의 가르침이 반갑다.

이제는 기대도 자주 해보려고 한다. 기대하지 않았던 삶은 긴장의 연속이었다. 즐거움을 느끼지 못했다. 기대할 것이 없으니 뻔한 삶이었다. 무난하고 별일 없는 하루 속에서 배울 것이 그리 많지가 않았다.

그러나 기대하고 사는 하루에는 즐거움이 가득했다. 감사할 일도, 배울 일도 많았다. 사랑을 느낄 여유가 생겼다. 사랑을 베풀 마음도 늘었다. 왜가리의 가르침으로 조금 더 삶을 아름답게 볼 수 있게 되었다.

또 맞고 싶다. 언제 또 그럴 수 있을지는 모르겠다. 그래도 기대해 보는 건 나쁘지 않으니까, 언제든 기대하고 있다.

vol. 12

# 충실히 살아가기

### 오늘 할 일

도무지 정답을 모르겠다면 과감히 틀린다.
그러고나면 어느 정도 돌파구가 보이기도 한다.
설령 그것이 정답이 아닐지라도.

아무렴 어때!

DATE
25년 3월 25일

# 지금을 사는 방법

    과거 어느 때를 살아야 한다면 생각만 해도 괴롭다. 그때를 무시하거나 잊겠다는 건 아니다. 그 시절로 돌아가고 싶다는 생각에 사로잡힌다거나 그때 그러지 말 걸 하는 후회로 얼룩진 삶을 살고 싶지 않다는 뜻이다. 그게 살아가고 있는 현재에 도움이 된다면 기꺼이 그렇게 하겠지만, 그렇지 않다면 괴로울 뿐이다.

    예전에는 늘 과거에 살았다. 쉽게 한때를 추억하며 지금을 살지 못했다. 그 탓에 쉽게 지치고 우울해졌으며 후회를 쌓았다.

지금을 살 에너지도 없으면서 이미 지나가 버린 기억을 더듬어 떠난 과거에서 더 힘을 잃곤 했다. 무너지는 것을 알면서도 그만두기가 어려웠다. 지금이 괴로운 만큼 도망갈 곳이 필요했으니까. 유일한 도피처는 미래도 아니고 현재도 아닌 바로 과거였다.

과거의 나를 바라보며 가엾어하고 서글퍼하고 안타까워하는 일만이 지금을 살고 있는 내가, 지금처럼 살고 싶지 않은 마음을 보상받을 수 있는 유일한 일이었다. 무언가 할 에너지가 없어 멈춰있는 현재를 외면하며 과거에 눈을 돌리고서 그때의 나를 위로해 주는 일이 꽤 의미 있는 일이라 여겼다.

한동안은 이 굴레를 벗어나지 못했다. 사는 게 힘들 때마다 뒤돌아봤다. 죽음을 생각할수록 살았던 과거에 머물렀다. 자꾸 죽음을 향하는 마음을 되돌려 살기 위해서는 과거로 도망쳐야 했다.

죽음과 삶의 경계에서 망설이며 선택해야 하는 순간이 오면 무의식이 살아갔던 때로 정신을 돌려놓아 살아가라고 했던 걸까.

그때와 다르게 요즘은 현재에 자주 머문다. 과거는 과거일 뿐 그 이상의 의미를 두지 않는다. 가끔 과거의 상황으로 돌아가 그때의 내가 했던 일련의 행동들을 돌아보며 분석하고는 한다. 그 경험을 통해 지금 어떻게 살아야 할지 힌트를 얻고는 다시 제시간에 돌아와 다시 현재 삶을 산다.

　죽음보다는 삶을 향하는 지금은, 시선을 현재에 꽉 붙들어 놓는다. 지금 소중한 시간을 오롯이 살아내고 싶어서 그렇다.

　그 덕에 하루하루가 소중하다. 이런 오늘이 쌓이면 곧 미래가 될 것이다. 미래에 대한 막연한 걱정과 불안은 여전하지만, 그럼에도 현재를 살아가야 한다.

　어차피 살아야 할 오늘이라면 더 당당히 살고 싶다. 무언가 두려워 과거로 도망치는 것과 막연한 미래에 지나친 기대를 하는 것보다, 오늘의 정신을 부여잡고 온전한 하루의 시간 속 다양한 사건과 곁의 사람에게 더 집중하고 싶다.

DATE
25년 4월 25일

## 수면 위에는

우울의 바깥을 향하겠노라 선언했던 두 번째 책에서는 여전한 우울에도 자주 바깥을 향하는 이야기를 했다. 그때는 작업을 하면서도 자주 우울했다. 글을 쓰면서 매일 부족한 나와 마주해야 했고, 완성하는 과정에서 끊임없이 한계에 부딪혔기 때문이었다.

수면 아래로 가라앉아 숨이 꼴깍 넘어갈 것 같은 느낌, 이 숨 막힘이 영원할 것 같았다. 그래도 어떻게든 책을 만들어냈다.

어떤 일을 하든 우울을 달고 뛰는 것 같다. 마치 묵직한 모래주머니를 발목에 찬 듯, 우울은 목적지를 향해 갈 때 걸음을 느리게 만든다.

그러다 보니 쉽게 집중하기가 어렵다. 뭘 하려고만 하면 이 녀석이 찾아와 방해한다. 핑계일 뿐이라고 속는거라고 생각해보지만 아무래도 그건 가혹하다. 우울을 핑계 대고 싶지는 않지만 그래도 어쩔 수가 없다. 일의 능률이 떨어지는 건 분명한 사실이니까.

가장 나를 싫어하는 인간. 그것이 바로 나였다. 다른 사람들에게는 한없이 너그러우면서 정작 자신에게는 가혹했다. 자꾸만 자신을 갉아먹다 우울에게 온 마음을 다 주어 결국에는 잠식되어 버린 가엾은 육신이 온전한 정신으로 살아가기란 어려운 일이었다. 나에 대한 혐오는 자연스러웠다.

다행스럽게도 이제는 우울이 찾아와도 다시 이 녀석과 잘 지낼 수 있을 거라는 믿음이 있다. 어떻게 하면 함께 살아갈 수 있을지 많이 고민했으니까. 끊임없이 서로 부딪히면서 많은 것을 배웠다.

이 녀석과 평생을 함께해야 한다는 것을 받아들이고 나서부터 조금은 알 것 같았다. 우울하지만 그럼에도 살아가야 한다는 걸 깨달았다.

새로운 책을 준비하고 지금은 덜 우울하다. 오히려 괜찮은 날이 많다. 자주 바깥을 향했었는데 이제는 자주 바깥에 머문다.

그러다 가끔 우울이 찾아올 때면 잠시 가라앉기도 한다. 여전히 도저히 집중할 수가 없어 멈추기도 한다. 그럼, 잠시 멈춰 우울을 마주한다. 마음을 다독이며 숨을 쉰다.

수면 아래와 위를 두둥실 떠다니는 것만 같다. 물결을 따라 부유하면서 끝없이 펼쳐진 마음의 호수 위를 노니는 것 같다. 때로는 숨이 막힐 정도로 물에 잠기기도 하다가, 가끔은 신선한 공기를 맡으며 물 위를 떠다니고, 또 아주 가끔은 뭍에 이르러 잠깐 달콤한 휴식을 취하기도 한다.

삶이 끝을 알 수 없는 항해라면 모든 물결을 느껴보고 싶다. 끝없는 마음의 호수를 다다를 수 있는 곳까지 탐험하고 싶다.

언제든 다시 우울에 빠져 수면 아래로 잠길 것을 안다. 숨이 막혀 고통스러운 날이 올지도 모른다. 깊은 곳으로 침잠해 쉽게 물 밖을 향하지 못할지도 모른다.

수면 위를 부유할 때는 아래를 생각하기 힘들다. 그러나 늘 내가 빠질지도 모르는 물속을 본다. 그 자리에서 언제고 내가 빠지기를 기다리는 우울을 모른 척하지 않겠다.

다시 캄캄한 수면 아래 보이지 않는 아득한 곳에 있는 우울의 영역, 그 언제고 녀석과 조우할 날을 대비하고 있다. 그래도 괜찮다. 나는 또다시, 끊임없이 다시 수면 위를 향할 수 있으니까.

DATE
날짜 미상

# 반추

> 1. 한번 삼킨 먹이를 다시 게워 내어 씹음. 또는 그런 일.
> 2. 어떤 일을 되풀이하여 음미하거나 생각함. 또는 그런 일.
>
> *표준국어대사전

끊임없이 무언가를 되풀이하고 게워 내는 것은 괴로운 일이다. 특히 아름다운 것만 보기도 바쁜 삶에서 마주하면 불편하기 그지없는 장면들을 자꾸 꺼내 들추어내는 것은 당연히 달갑지 않다.

자꾸 곱씹으면 더 쓴맛이 느껴져 그리 반갑지 않은, 무거운 추를 어깨에 얹은 듯 피로한 이 기억들은 피할 수 있다면 전력을 다해 저만치 달아나고 싶다. 당연하다.

그러나 그럴수록 더 들추어내야한다. 자꾸 도망가다보면 그것이 습관이 되기 때문이다. 원하는 모습에 가까워지기 위해서는 더욱 묵혀 둔 진실을 마주해야한다. 두 눈을 질끈 감고 싶을만큼 부끄러워도 견뎌내야한다. 더 끈질기게 살피고 뜯어 분석해야한다. 도망치고 싶은 두 다리를 붙잡아 다시 돌려 기억의 중심으로 다시 데려다놓아야 한다. 그래야 이 지독한 습관에서 벗어날수가 있다.

대학 시절, 나는 지독하게 재수없는 인간이었다. 나 이외의 학생들을 그저 경쟁자로 여기며 가까이하려 하지 않았다.
그러면서 또 도움이 되는 친구가 있다면 기꺼이 함께 지냈다. 가령 성적이 좋은 친구들이나 착하고 성실한 친구들이 있다면 먼저 다가가 말을 걸기도 하는 용기를 냈다. 그들을 내심 동경하기도 하고 질투하기도 하면서 필요에 의해 그들과 대학생활을 함께했다.

그 모습을 지금의 내가 바라보면 부끄럽다. 숨고 싶다. 기회주의자, 이기주의자 등의 표현으로 설명을 할 수 있을테다.
이제라도 마주하고 다시는 그런 철없는 마음을 가지지 않으려 노력한다. 이제는 어떤 관계든 진심으로 다가가 마음을 다 한다. 그것이 진심이 아니라면 과감히 정리하기도 한다. 고집을 부리기에는 훌쩍 늙어버린 어른이 되어버렸기 때문이다.

어른이라는거 참 성가신 일이다. 여기서 일이라고 표현하는 이유는 정말 그렇게 생각하기 때문이다. 어른은 어떤 일의 영역이라고 본다. 해야하니까 하는 것이다. 사회가 요구하는 모습인 어른의 행세를 하고 있는 것이다.

때론 이 일이 버거울때도 있다. 문득 가혹한 하루를 보내고 집에 들어서면 코 끝이 찡해진다. 누군가 나의 힘듦을 가만 들어줄수만 있다면 하루종일 징징대고만 싶다. 어른을 내려놓고 아이로 편히 어른의 어려움에 대해 이야기 하면 좋겠다.

어른 행세에 꽤 능숙한 편이라고 생각하지만 그렇다고 해서 그것이 편하거나 좋은 것은 결코 아니다. 다 때려치고 다시 어린아이처럼 굴고 싶다는 생각을 매일 한다.

그러나 그럴 수 없기에 이내 포기하고 만다. 다시 다음날이 되면 어른의 모습을 한 가면을 쓰고 어른처럼 입고 집을 나선다. 늘 그랬듯 어른 행세를 한다.

오늘 하루를 반추한다. 이전에는 어제를, 일주일 전을, 한 달전, 일 년 전을 돌아봤다. 그러다보니 꽤 먼 과거로의 여행을 자주 했었다. 생각보다 부끄러운 장면은 셀 수 없을만큼 많았다. 매 순간의 장면을 들춰가며 곱씹었다.

그 시간들 속에서 때론 나를 용서하기도 했고 너와 당신을 용서하기도 했다. 또 이따금 이해하기도 했다.

그러면서 그 때의 어린 나를 안아줄 수 있다. 그럴 수 밖에 없었던 최선을 다한 아이를 이제야 본다.
꾸짖을 때도 있다. 지금 봐도 아찔한 실수는 다시 반복하고 싶지 않기 때문이다.
또 때로는 아이에게 배우기도 한다. 그 때니까 할 수 있었던 선택을 보며 부끄러워지기도 한다.

과거로의 여행은 마치 전시된 '나'를 마주하는 일이다. 설명이 아주 상세해서 보기 힘들 때도 있지만 그럴수록 더 수도없이 반복하며 마주한다. 다시는 반복하지 않기 위해서, 또 더 어른의 역할을 잘 해내기 위해서다.

어른이 된 지금은 그 때와 같은 문제에 직면했을 때 현명하게 풀어나가고 싶다. 정답은 아닐지라도 나은 답을 고르기 위해서 오늘도 불편한 장면을 반복해서 들여다본다.
훗날 돌아 본 지금이 어린 한 때의 삶에 불과하겠지만 그 때의 어른은 오늘을 돌아보며 또 배울 것이다. 더 현명하게 삶을 살아가고 있을 것이다. 오늘을 충실히 살아간다면.

DATE
25년 4월 16일

## 쉬운 게 어딨겠어

**"쉬운 게 어딨겠어."**

힘들 때마다 외치는 말이다. 이제는 입버릇처럼 자동으로 나온다. 아마 힘듦을 극복하고자 하는 무의식적인 신체 반응인 듯한데, 이게 꽤 도움이 된다.

사실 이 글을 쓰기 바로 직전에도 다소 귀찮은 일을 끝내고 나서 쉬운 게 어딨겠어! 허허 라고 했다. 그리고 바로 글을 써야겠다고 생각했다.

마음이 안 좋을 때는 자주 짜증을 냈다. 무얼 해도 다 짜증이 났다.

 밥을 먹다 흘리면 바로 신경질을 내며 "그럼 그렇지" 했다. 매일 같은 상황이 반복되는 이유는 역시 내가 조심성이 없어서 그렇다고 여겼다.

 또 길을 가다 껌을 밟으면 "그럴 줄 알았다, 내가 그럼 그렇지"라고 했다. 잘 보고 피해갔으면 됐을 텐데 그러지 못한 나를 탓했다. 그럼, 짜증이 치밀어 올랐다 나 자신에게.

 그때는 그럴 수밖에 없었을 것이다. 자꾸 힘든데 대체 무엇이 그렇게 힘든지조차 모르고 있었을 때니까. 모든 괴로움의 원인을 내부에서 찾았다. 다른 사람들에게 피해를 주는 것을 극도로 싫어했기에 유일하게 괴롭힐 수 있는 자신을 괴롭혔다. 어쩔 수 없는 일에도 각종 이유를 붙여가며 비난했다. 더 이상 파고들 곳이 없을 정도로 마음의 상처를 깊게 파냈다. 그러다 보니 병들어가는 것은 어찌 보면 당연한 일이었다.

 이제는 절대 그러지 않는다. 어쩔 수 없는 상황이 오면 어쩔 수 없음을 받아들인다.

 중요한 약속이 있어 밖을 나서려 할 때 비가 오면 그저 비가 오는 것이다. 비가 오는 날 약속을 잡은 나를 탓한다거나, 괜한 짜증으로 하루를 망치지 않는다.

일을 하다가 상대와 의견 충돌이 있을 때는 오히려 배움의 기회로 삼는다. 감사한 일이다. 나의 의견에 반기를 들어주고 오류에 대해 짚어주며 다시 생각할 시간을 주는 것인데 어찌 감사하지 않을 수 있을까.

또 괴로운 일이 발생하면 즐기려고 한다. 나는 늘 고통에서 배워왔던 사람이라는 걸 잘 아니까 이 일을 기회 삼아 더 나은 사람이 되고자 노력한다.

세상을 살아가다 보니 내가 생각하는 대로 흘러가는 것 같다. 내가 바라는 대로 모든 일이 이루어진다는 허무맹랑한 이야기는 아니고 어떤 일을 겪으면서 생각한 만큼 오롯이 내 것이 된다는 뜻이다.

그러니, 마음을 지하 동굴로 내모는 상황이 오더라도 다시 극복하고 나아갈 수 있다는 믿음이 있다. 여태 그래왔으니까, 그것이 여태 살아왔던 방식이니까 충분히 그럴 수 있다고 믿는다.

설령 무너지더라도 괜찮다. 그때도 다 배움이 있으니까. 이제는 실패가 반갑다. 짜릿한 새로운 자극이 왔음을 즐기려고 한다.

DATE
25년 4월 6일

## 객관화

자기 객관화가 중요하다는데 그게 어디 그리 쉬운 일인가. 유체 이탈해서 위에서 바라보며 깜짝 놀라는 영화 속 한 장면처럼 나를 똑 떼어내어 타인의 시선으로 바라본다는 것이 불가능에 가까운 것이 아닌가.

그런데도 해야 한다. 이제는 어리다는 이유로 누군가 내게 지적하거나, 조언을 해주지 않기 때문이다. 나이가 들어가면서 점점 허를 찌르는 솔직한 피드백이 고파진다. 나와 하루 종일 지내면서 내게 잔인한 말이지만 솔직한 피드백을 해 줄 사람이 있었으면 좋겠다.

그러나 그럴 수 없다는 걸 잘 아니까, 내가 나에게 제일 솔직한 피드백을 줄 수 있는 코치가 되어줘야 한다. 객관적으로 바라보며 다듬어야 할 부분을 잘 짚은 다음 그걸 고쳐야 한다. 누굴 위한 것이 아닌 나를 위해서 그래야만 한다.

오늘도 잘 살아가려면 무얼 해야 하나 고민하며 하루를 마무리한다. 누군가의 삶이 아닌 나의 삶을 위해 그렇다.

조금 더 나은 오늘을 보내기 위해 어제를 보냈고, 또 조금 더 나은 내일을 위해 오늘을 보내준다.

그렇게 또 하루하루를 살아가다 보면 그 언젠가 한 번쯤은 잘 살아가고 있노라고 생각하는 날이 오려나.

> 보고서

### 잘 살아야 할 이유가 늘어간다

| | |
|---|---|
| 날씨 | 따뜻 |
| 감정 | 힘난다, 감동, 희망, 의지 |
| 키워드 | 잘 살고 싶다, 응원 |
| 수면 | 늦게 잠 들었지만 평소에 비하면 잘 잤다 |

**오늘의 좋음**

책방에서 일하는 동안 두 분이나 내 책을 사 가셨다.
그중 한 분은 편지를 써주셨다. 감동이었다.

**오늘의 나쁨**

조금 피곤했지만 괜찮다

오늘은 유독 따스하고 맑은 날이었는데, 왜인지 일을 하면서도 기분이 좋았다.

바쁘게 테이블을 닦고 있는 내게 아까 전 자리에 음료를 시켜 책을 읽던 분이 컵을 반납하며 말을 걸었다. 책 너무 잘 읽었다며 아까 구매한 내 책에 사인을 부탁했다. 그러면서 정성스럽게 접은 편지를 건넸다. 놀라서 연신 감사하다고 하며 이따 읽어 보겠노라 했다.

정갈하게 꾹 눌러 담은 글자가 가득했다. 그의 진심이 온전히 전달되는 것 같았다. 책을 읽으며 공감도 되고 위로도 되었다는 그는 지금은 행복이 무엇인지 찾았는지 궁금하다고 했다. 답을 보낼 길이 없어 대답은 못 했다. 언젠가 만날 수 있다면 내 생각도 전하면 좋겠다.

행복, 아직 찾지는 못 했다. 노력할수록 저만치 달아나 버리는 것 같다. 어쩌면 영영 찾지 못 할지도 모르겠다. '불행하지 않은 것'을 행복이라 정의하기로 했다는 그의 말처럼 행복은 곁에 늘 있어서 불행하지 않으면 그것만으로도 행복이라 여길 수 있을 것 같기도 하다.

그의 편지가 더 잘 살아가라는 뜻으로 느껴졌다. 누구도 강요한 적 없지만 잘 살고 싶은 마음이 강한 내게는 지금도 충분하니까 더 살아가보라는 말로 들린다.

행복을 찾아 떠나는 여행을 더 즐기면 어떨까? 불행하지 않은 지금을 만끽하면서, 또 언젠가 올 불행을 준비하면서 지금의 평온을 가득 느낀다면 그것으로도 충분한 행복 아닐까?

편지에는 그에게 베풀었던 배려에 대한 내용도 있었다.

손님이 실수로 음료를 엎질러 바로 달려가 괜찮냐 물으며 바닥과 테이블 정리를 도와드렸다. 혹시나 옷을 버리진 않았을지, 놀라시진 않으셨을까 하는 걱정을 애서 누르며 정리를 하고는 음료를 다시 내어드렸다.

●

*어쩔 수 없이 기사님께 정중하게 말씀드렸다. 카드가 찍히지 않는데 지금 내려도 될지 아주 조심스럽게, 운전에 방해되지 않도록 여쭈었다. 그러자 어디까지 가냐 물으시더니 그리 멀지 않은 목적지를 향한다는 나의 대답에 단호하고 명료하게 그냥 타고 가라고 하 셨다. 다음에 버스 탈 때 내라는 말씀을 남기시며.*

*(중략)*

*'같은 상황이라면 나는 그럴 수 있을까. 나는 처음 보는 이에게 이 정도의 관용을 베풀 수 있겠는가.'*

\*두루 산문집 <우울의 바깥을 향하며>
'지금 내려도 될까요?' 중 일부

    손님이 구매한 책, '우울의 바깥을 향하며'의 내용 중 일부이다.
    그는 책 속 문장을 인용해 마음을 전했다. 자신에게도 그런 관용을 베풀어 주셨다며 고마워했다. 편지를 읽으며 괜히 울컥했다. 바랐던 삶의 모습을 그대로 살아내고 있다고, 잘 하고 있다고 어깨를 툭 치며 위로해주는 것만 같았다.

    살아가는 게 때로는 벅찬 마음이 들기도 한다. 그런데 또 살고 싶다. 도대체 언제까지 이렇게 살아야하나 싶다가도 이렇게라도 살아가는 게 참 감사하기도 하니 마음은 알다가도 모르겠다.
    이런 모순 속에서 살아가다보면 가끔 만나는 생존 신호들이 있는데 오늘이 바로 그런 때였다. 비슷한 상황이라 말하며 응원과 위로를 담은 그 편지 속에서 다시 살아야 할 이유를 찾았다. 한 때는 죽음을 향했지만 이제는 다시 삶을 향하는 내게 아주 큰 등대와 같은 빛과 같은 소중한 선물같은 시간이었다.

    다시 살아가야하겠다. 그저 하루하루 충실히, 내가 해야 할 일들을 해나가다보면 그 언젠가 다시 돌아 볼 오늘이 찬란하게 빛나고 있기를 바라며, 나 또한 그 누군가에게 등대같을 수 있기를 간절히 바라며 오늘도 그저 묵묵히 할 일을 해나간다.

## You are enough

　참 좋아하는 말입니다. 그 누구도 내게 해주지 않았기에 더욱 간절했을지도요. 늘 그 모습 그대로 충분했었는데, 예쁘고 아름다웠는데 나를 못마땅해했었지요. 왜 그렇게도 내가 싫었는지, 아직도 그 이유는 잘 모르겠습니다. 다만, 확실한 것이 있다면 지금은 누구보다도 나 자신이 제일 좋다는 겁니다. 그동안 자꾸 밀어냈던 나를 다시 삶의 중심으로 데려와 앉혀보니 꽤 괜찮은 녀석이었어요. 그리 특출나지도 못 나지도 않은 나, 그저 지금을 열심히 살아가고 싶은 한 청년의 모습 그대로 충분했습니다.

　　　　　　　고생 많았습니다. 오늘도!

### 나가며

오늘도 무사히 밤에 도착했습니다. 때로는 그 사실만으로 충분한 날들이 있지요.

이 책을 쓰는 동안에도 나는 여전히 불안했고 흔들렸어요. 불안이란 게 그런가봐요. 잠시 멀어진 듯하다가도 다시 다가와 마음을 무겁게 누르고, 그럴 때면 나는 또 기록 속으로 숨어들곤 했습니다.

이 기록들이 특별한 해답을 주는 건 아니지만, 글을 쓰고 또 읽으며, '나도 이렇게 살아냈다'는 사실만은 남길 수 있었어요.

이제 이 책이 당신의 손에 닿았네요.
당신 역시 불안한 마음을 안고 이 글을 읽었겠지요.

완벽하지 않아도 괜찮습니다. 중요한 건, 그럼에도 오늘을 살아낸 나와 당신은 그것만으로도 충분하다는 것입니다.

오늘도 무사히 이 밤에 도착했음에 안도하며 고생 많았다는 다정한 말을 나에게 그리고 당신에게 조용히 건네고 싶습니다.

2025년 5월
두루 드림

# 불안과 밤 산책

초판 발행 2025년 5월 31일

지은이        두루
편집           개띠랑, 두루
디자인        개띠랑, 두루
펴낸곳        개띠랑
출판등록     2022년 9월 14일

인스타그램    @from.duru @gaeddirangverse
전자우편      duruburi@naver.com
                  gaeddirang085@naver.com

ISBN   979-11-980169-9-7(02800)
ⓒ 2025. 두루 all rights reserved.

이 책의 내용 전부 또는 일부를 재사용하려면
반드시 저작권자의 동의를 받아야 합니다.

본 출판물은 화성특례시, 화성시문화관광재단의
<2025 화성예술지원>사업 지원을 통해 제작되었습니다.

후원